稚《ち》心《しん》を去《さ》る

一流とそれ以外の差はどこにあるのか

栗山英樹・著

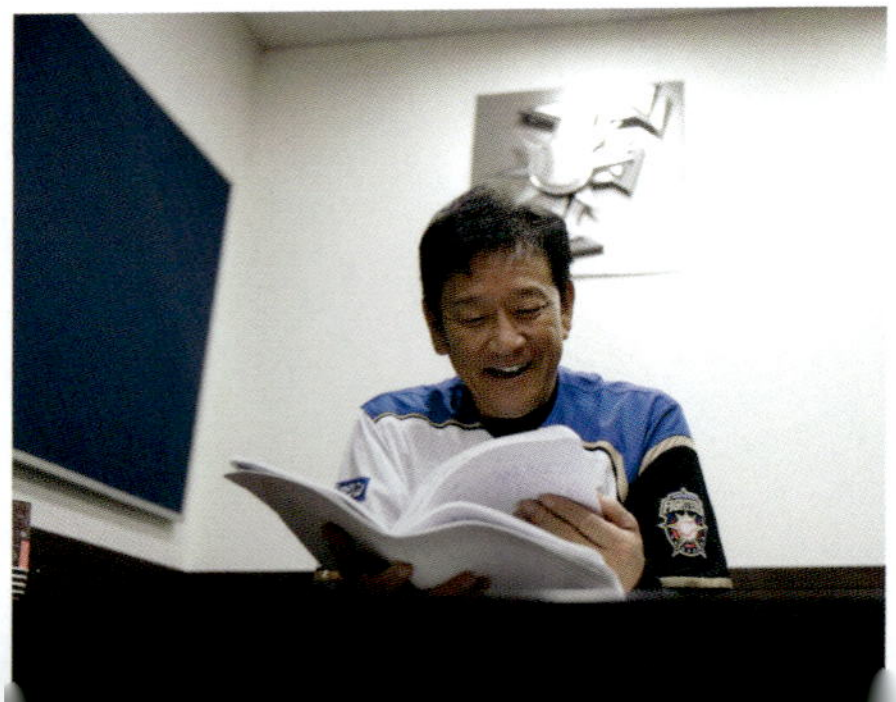

20
PACIFI
FIGHTERS

FIGHTERS

稚《ち》心《しん》を去《さ》る

一流とそれ以外の差はどこにあるのか

栗山英樹・著

目次 *contents*

目次　*contents*

第3章　監督としての1000試合 〜7年目の備忘録とともに〜

優勝の望みを絶たれたあと
奇襲が必要になる

目次　*contents*

目次　*contents*

まえがき〜野球ほど「人のせい」にしやすいスポーツはない

試合後は、現場で感じたことや、そこで考えたことを、必ずノートに書き留めるようにしている。頭の中で、感覚が生々しく渦巻いているうちに、できるだけ早くペンを執る。

ある日、そのノートを開いたとき、ふと気になることがあった。負けた日のメモが、ぐちゃぐちゃになっていたことだ。

決して字がきれいなほうではないが、普段から丁寧に書くようには心掛けている。仕事柄、サインをさせていただくことも多いので、ちゃんと書かなければという意識がいつもどこかにある。

でも、自分のノートは誰かに見せるためのものではない。きっとそう思っているから、無意識のうちに雑になってしまう。それが大きな問題。そこが自分の足りていないところなのかもしれないと思った。まだ、全然ちゃんとしていない。一つひとつケリがついていない。

ちゃんとした人は、やっぱりそういうところから、ちゃんとしているのだと思う。「一流」

と呼ばれる人は言うまでもなく、だ。

そう考えると、ごく日常的なところから、まだやるべきことはたくさんある。ということは、まだまだ可能性はあるということだ。

「あそこを抑えていれば……」

「あそこで一本出ていれば……」

「あそこでエラーしなければ……」

そう考えることには、まったく意味がない。大事な場面で誰かが打たれても、打てない打席があっても、エラーしてしまっても、それでも勝つときは勝つ。それも含めて野球なのだ。それを、負けたときには誰かに敗因を押し付けて、自分は言い訳をしている。

ただ、それは必ずしも人間性の問題というわけでもない。いつもは人のせいにしないんだけど、そうしたくなるほど疲れ切っていたり、調子が悪かったりというケースもある。

だからベンチはそれを嘆くのではなく、人にはそういうことが起こるんだということを、知っているかどうかが重要になってくる。「ああいう選手なんだ」と評価を決め付けるのではなく、何とかそこを抜け出させよう、乗り越えさせようと考えてみる。

でも、こっちも人間だから、必死に戦っているとカチンとくることもあるし、負けると悔しいし、イライラもする。そんなこんなをみんな踏まえて、対処する必要がある。

人のせいにするのが簡単だから、人としてどうあるべきかがわからないと、野球はちゃんとできない。そして、それがわかってくるとより楽しいし、面白いし、どうして野球というスポーツが、この長い年月、残ってきたのか、その意味もわかるような気がする。

言い訳しないこと。それをしたら、こっちの負けだ。

chapter.1

第1章

プロの責任

~ファイターズの組織哲学~

組織作りの中での「勝利」と「育成」の関係

プロスポーツのチームにとって、いわゆる「チームカラー」があるのは素晴らしいことだと思う。それは方向性がはっきりしているということの表れであり、応援してくれるファンにもそのビジョンを共有してもらうことができるからだ。

もちろんプロである以上、強いチームであることは第一だが、愛されるチームであることもそれと同じくらい重要だ。どんなに強くても、ずっと勝ち続けることはできない。でも、愛し続けてもらうことはできる。

北海道移転以来、日本ハムファイターズはその信念を貫いて、チーム作りに取り組んでいる。

チームの軸になるものは何か？

「10年、チームの軸になる選手を作る」というコメントを聞くことがある。たとえば生え抜きで、地元出身で、まだまだ十分に先のある年齢で。そんな選手がチームの中心にいてくれたら、たしかにしばらくは安泰かもしれない。

でも、その選手を軸にたとえどんなに素晴らしい黄金時代を築いても、結局、10年経ったら顔ぶれは変わっている。そう考えたら、毎年同じことだ。いま、ここにいる選手たちで優勝しに行くしかない。

ファイターズは、FA（フリーエージェント）戦略でチームを強化するというやり方ではない。

FA制度ができて以降、獲得した選手は2人、一方でチームを去った選手は14人もいる（次頁）。これはリーグ2位の数字だそうだ（1位は西武ライオンズ）。ポスティングで移籍したダルビッシュ有や大谷翔平らを含めると、先の例でいう「チームの軸になる選手」がずいぶんといなくなっていることがわかる。

■移籍　14人（）カッコ内は移籍年、※はメジャー移籍
河野博文（95）　片岡篤史（01）　小笠原道大（06）　岡島秀樹（06※）　藤井秀悟（09）　森本稀哲（10）　建山義紀（10※）　田中賢介（12※）　鶴岡慎也（13）　小谷野栄一（14）　大引啓次（14）　陽岱鋼（16）　増井浩俊（17）　大野奨太（17）
■獲得　2人（）カッコ内は移籍年
稲葉篤紀（04）　鶴岡慎也（17）

だから監督としての考えはシンプルで、いま、ここにいる選手たちで優勝しに行く、となるのだ。

ただ、それだけに、急に伸びてきて、プラスアルファを生む選手が出てこないと、なかなか優勝まではたどり着けない。それも含めて、開幕からシーズンの終わりまで、チームが成長し続けてはじめて、勝ち切ることができる。ある程度、数字が計算できる、期待に応えてもらわなければ困る選手と、勢いを付けてくれる若い選手のバランスが必要だということだ。

そして、「軸になるもの」というのは、チームによっての考え方なんだと思う。ファイ

ターズは選手ではなく、こういうふうに考えて野球をやります、というのが軸になってい
る。いつもそれを大切にしている。

選手たちには、折に触れ、それを感じてもらえるよう言動で示すことを心掛けているが、
監督1年目には何とか若い選手たちに伝えたいと、そのベースとなるものの考え方を、座
学用の資料としてまとめたことがあった。押し付けが過ぎていたかもしれないと、いまは
反省もしているが、そのときの内容を改めて紹介させていただきたい。

ファイターズにとって、自分にとって、チームの軸になる、ブレないものの考え方だ。

あなたに「相棒」はいますか？

「相棒」とは、困ったとき、迷ったとき、あなたにヒントをくれる存在です。人でも、物でも、言葉でも構いません。

同じ質問をたくさんの社長さんにしてみたら、ある本の題名を挙げる人が多くいました。

それは「人間力」を高めるためのヒントが、ぎっしり詰まった一冊だといいます。

では、「人間力」っていったい何でしょう?

それは、人が成長するためにとても大切なものです。


野球は、一球一球、めまぐるしく状況が変わっていくスポーツです。

試合中に起こり得るシチュエーションは、何千、何万通りもあり、どんなに記憶力がよくてもそのすべてを暗記することはできません。

しかも、状況判断にはケーススタディだけでなく、現場の生の情報を読み取る洞察力も要求されます。

それは、残念ながら野球の反復練習では身に付きません。

そこで必要になるのが、実は「人間力」なのです。


ほかのことはよくわからないけれど野球だけはできる、というのは思い上がりです。

高いレベルで野球をするには、必ず高い「人間力」が求められます。

そして、チームとして成果を出すためには、みんなの思考の方向性を、ある程度一定にする必要があります。

それには、さらに「人間力」を磨いていかなければなりません。

もう一つ、プロ野球選手には「人間力」を磨かなければならない理由があります。

多くの野球少年に憧れられる存在であり、たくさんのファンに応援してもらい、支えてもらっている立場だからです。

影響力が大きい以上、「人間力」を磨くことは最低限の責任であり、ある意味、それは給料に含まれていると考えなければいけません。

それは当然のことであり、それができなければユニフォームを脱ぎ、チームを去らなければいけないと考えてください。

では、その「人間力」を磨くにはいったいどうすればいいのでしょうか？

そこで、「人間力」を高めるためのヒントがぎっしり詰まっているという一冊を開いてみてはどうでしょう。

それが『論語と算盤』です。

開いてはみたけれど、読みづらいし意味がわからないという人は、まず一つでいいから理解できる、共感できるところを探してみましょう。

野球選手の場合、ほとんどの人が現役時代と引退後で、異なる2つの人生を送ることになります。

そういった意味でも、できるだけ早く、どう生きるべきか、人としてどう振る舞うべきか、自分なりの指針を持ったほうがよいといえるでしょう。

価値観は人それぞれで、選手として進むべき道も、この価値観によって大きく変わってきます。

その基本的なことを教えてくれる教科書が『論語』です。

プロ野球は優勝するために戦うものですが、チームが最下位でも、個人成績によっては給料が上がることがあります。

それは決して悪いことではありません。一つの大切な評価です。

ただ、その欲望が暴走してしまっては、野球選手として長くプレーすることの妨げとなってしまう恐れがあります。

欲望の暴走を抑制し、その力をどの方向に向かわせれば最も価値あるものになるのか。そのヒントが『論語』の中にあります。

『論語と算盤』に、「孝は強うべきものにあらず」とあります。親が子に孝行しなさいと強いても、かえって不孝の子にさせてしまうと説いています。野球に置き換えれば、コーチや監督が選手に何かを強制しても、かえってやらない結果を招くことになるといえます。

たとえ良かれと思って伝えたことであっても、選手が心から納得して取り組まなければ、成就する可能性は低いということです。

『論語と算盤』に、「それただ忠恕《ちゅうじょ》のみ」とあります。

「忠恕」とは思いやりがあるまっすぐな心という意味で、それこそが人の歩むべき道にして立身の基礎と説いています。

選手は活躍すればヒーローインタビューを受けられますが、名ジャッジをした審判がお立ち台に上がることはありません。

正しくて当たり前で、間違ったときだけ大きくクローズアップされる審判の仕事は、それだけプレッシャーも大きいことでしょう。

そんな彼らに対し、どう接し、どう振る舞うべきか、その考え方がしっかりしていれば行動もブレたりしないはずです。


『論語と算盤』に、「論語と算盤は一致すべきものである」とあります。

一見相反して見える道徳と利益は一致するもので、正しい道理の富でなければ、その富は完全に永続することができぬと説いています。

プロ野球もファンに楽しみや喜び、生きがいを与え、社会に健全な影響を与える存在でなければ、長くは続きません。

勝つことはもちろん、道徳的にも正しいチームスタイル、プレースタイルでなければ、その使命を果たしているとはいえないのです。


自分が信じるものを踏みつけようとする、正しいことをねじ曲げようとする、そういう者とは戦わなくてはいけないこともあります。

ただ、人は正しいことをしようと頑張っていると、知らず知らずのうちに頑固になってしまっていることもあります。

その思いが本当に引いてはならないものなのか、それとも自分の頑固さからきているものなのか、その判断がとても大切になってきます。

その思考の過程を考える意味でも、うまくこの『論語』の教えを活かすといいでしょう。


自分の努力で変えられるもの、向上させられるものには頑張りようがあります。

ただ、自分にはどうすることもできない逆境もあります。

まずは、それが自分の本分であると受け入れ、覚悟することです。

たとえば試合に使ってもらえなかったとき、恨んでみても何も解決はしません。

誰よりも努力をして、結果につながる技術を修得することは大切ですが、それ以上のことは考えても無駄です。

そこに労力を使ってしまっては心が荒み、自分らしくなくなってしまいます。

『論語と算盤』の中で、「和魂漢才」という言葉が紹介されています。

日本特有の大和魂を根底としつつ、より長い歴史のある中国の文物学問も修得して才芸を養わなければならない、という意味です。

この言葉をモチーフとして、著者の渋沢栄一さんは「士魂商才」を提唱しています。

武士的精神が大切なのは言うまでもないが、商才がなければ経済の上からも自滅を招くようになる。「士魂」にして、「商才」がなければならないという意味です。


これを野球（ファイターズに）に置き換えると、どんな言葉になるのでしょうか。

「闘魂智才」「武魂尽才」「和魂諦才」……、あなたならどう考えますか？

球団が一つの組織である以上、人として大切な価値観や道徳観は全員に備わっていなければなりません。

何事も誠実さを基準とすることをみんなが学び、組織に一つの方向性をもたらすための教科書として『論語』が必要なのです。

ただこれから教科書を開くまでもなく、この話をここまで聞いてきただけで、なんとなく大切なことがわかり始めているのではないでしょうか。

そういった発想こそが、まさにファイターズが目指すものなのです。

『論語』に学ぶ、プロ野球の世界で活躍するために必要なもの、戦う気持ち、極端ですが、死ぬ思いでやる覚悟はありますか？

相手を思いやりながら、正々堂々と立ち向かう姿勢はありますか？

ただがむしゃらにやるだけでなく、より効率的で、より理にかなうものはありますか？

それをやり尽くす強さ、思い、そしてできるまで諦めない気持ちはありますか？

ファイターズには、スカウトをはじめ高校の指導者から転身したスタッフが何人もいる。ファームが拠点としている千葉・鎌ヶ谷の寮では、月に一回、外部から講師を招き、人として大切なものの考え方や学び方を、若い選手たちに伝えてもらっている。チームが貴重な時間を使ってまで、そうして「人間力」を高めることに力を注いでいるのは、それがいかに大切なものか、その考え方がしっかりと根差しているからだと思う。

野球をリスペクトして、先入観を捨てる

では、ファイターズはどんな球団か?

表現はいくつもありそうだが、あえて客観的に言うと「野球をリスペクトして、先入観を捨てて向き合っている球団」というのが本質に近いような気がする。

先入観にとらわれていると、本当の意味で前に進めなくなる。

もっと良いものがあるんだ、もっと良くしなきゃいけないんだと信じて、つねに進化し続けなければチームは強くならない。

それに対して我々は、誰が何と言おうと、そこに向かって進むんだという強いものはあると自負している。

何と言っても、大谷翔平の二刀流への挑戦が象徴的だ。先入観があったら絶対に決断できない挑戦だったし、野球へのリスペクトがなければ成功しないものだった。

その経験もあるので、周囲から多少雑音が聞こえてきても、いやいや、選手のために我々は進む、という平常心でいられる。

プロスポーツのチームマネジメントは、勝つことから逆算して、そこに選手個々を当てはめていくという考え方が一般的ではないだろうか。すべてはチームの勝利のためでなければならない。それはプロスポーツである以上、当然のことだ。ただ、ファイターズの場合、そこへのアプローチがやや独特だ。監督、コーチだけでなくチーム全体が、選手一人ひとりのために100％向かっていくことが、一番チームを勝ちやすくすることだと我々は認識している。「チームの勝利のため」に、「選手一人ひとりのため」を徹底する。そこはいっさいブレることがない。

その年一番良い選手を1位で指名する

ファイターズのチームカラーというと、ドラフトを思い浮かべる方が多いかもしれない。実際、球団のことで、一番よく尋ねられるのがドラフトに対する考え方だ。

これは皆さんが思われている通り、とにかくその年一番良い選手を1位で指名する、これが大方針。だから、ドラフト会議直前の議論は、いつも「誰を指名するか」ではなく「誰が一番か」ということになる。

昨年（2018年）のように、大阪桐蔭の根尾昂《あきら》か、金足農業の吉田輝星《こうせい》か、本当に甲乙付けがたい場合のみ、どちらを指名するかという話し合いになるが、その決定に「競合を避ける」といったいわゆる戦略的な観点が持ち込まれることはない。何球団競合しようが、良いものは良い。我々は、その選手を指名する。

ただ、2位以降は少し状況が変わってくる。なんせ、ドラフトは思った通りにはいってくれない。明確なビジョンをもって指名を進めていかないと、ただ良い選手を順番に獲っているだけだと、チームをどうしたいのかが見えてこない。他球団の指名を見ていても、ドラフトは本当に難しいと感じることが多い。

そんな中、「ファイターズに行きたい」と言ってくれている選手がいると聞くと、本当に嬉しい気持ちになる。うちには、ある程度、早い段階から試合で使ってもらえるというイメージがあるからなのかもしれない。こっちも、選手は試合でしかうまくならないと思っているから、使わなければ意味がないと考えている。

そういった点も含め、ファイターズを好意的に受け止めてくれる選手が多くなっているのだとすれば、それは「野球をリスペクトする」チームカラーが浸透し始めている表れなのだと思う。

ファイターズには心から野球をリスペクトするスタッフが揃っていてくれることが、その一員である我々の誇りだ。選手が「行きたい」と言ってくれるのは、野球の神様がそれに対するご褒美をくれているんだと思っている。

育成して勝つのではなく、勝って育成する

「人が育つには時間がかかる。待ってあげなきゃいけないとき、我慢してあげなきゃいけないときがあるんだ」

監督、経営者として日本のプロ野球界に多大な功績を残された根本陸夫さんは、人を育てるということについて、こんな考えを持っていたという。

でも、その点、ファイターズに「待つ」という発想はない。誤解なきように言い直すと、「育成の年」という考えはない、といったほうが正確かもしれない。

もし自分が球団のフロントに「来年は何がなんでも勝ちに行くのか、それとも育成に主眼を置くのか」と問うたとしたら、きっと一笑に付されることだろう。

「監督、バカなことを言わないでください。来年も、再来年も育てるし、勝つんですよ」って。

当然だ。優勝よりも、育成が優先される年なんてあるわけがない。もし、3年後に優勝

しようと思ってやっているチームがあったら、そこは絶対に3年後も勝てない。野球はそんなに甘いものじゃない。

本気で優勝を狙って必死に戦って、それでもダメだった経験がワインの澱《おり》のように沈殿して、それが積み重なって、層になって、ようやく勝てるチームになる。「育成」という言葉を、優勝できないことの言い訳、逃げ道に使ってはいけない。それをやっているうちは、チームは絶対に強くならないということを、この組織にいて学んだ。

そもそも、育成しようと思って、思い通りに育つんだったら、選手は誰一人欠けることなく、全員順調に成長しているはずだ。そう思ってやっていても、そうならないから難しいのだ。

ファイターズは育成とスカウティングのチームだ、と言われることがある。たしかに、そこには特に力を注いでいる。そこが誤解を招いている原因かもしれない。

ファイターズが育成に長けたチームだと映っているとすれば、それは勝ちながら育成しているからにほかならない。育成して勝つのではなく、勝って育成する。それがファイターズ流だ。

練習で1000本スイングするよりも、大事な試合で打った1本のヒットのほうが大きな財産になる。練習で1000本ノックを受けるよりも、大事な試合で犯した一つのエラーのほうが大きな糧になる。

そう信じて、勝つために勝負どころで若い選手を使ってきた。練習するのは大前提。その上で、ファイターズは勝って育てる。

どうすること、どうあることが野球のためになるのか

チームカラーを作り上げるときに欠かせないのはフロントとの関係だろう。なかでもゼネラルマネージャー（GM）やオーナーと現場のやり取りは重要だ。

その点、GMと監督が、こんなに密にコミュニケーションを取っているチームは珍しいのかもしれない。

ファイターズの吉村浩GMほど、まっすぐに野球を愛し、リスペクトしている人物をほかに知らない。たまに極端なことも言ってくるけど、それが嬉しくもある。信頼してくれているからこそ、思っていることを本音で言ってくれるのだと思っているから。

ときにはオーナーから、何か指示されることもあるのではないかと思うのだが、それがこちらまで届くことはいっさいない。きっと何か指示があっても、彼が全部飲み込んでく

れているのだろう。現場がやりやすいように、本気でやれるようにって。

ＧＭへの絶対的な信頼感は、彼が心から野球を愛していて、いつも野球に最大限の敬意を払っているという一点に尽きる。

昨年（２０１８年）、北海道で大きな地震が発生したとき、まもなく彼は「すぐに試合をやるべきだ」と言った。

「野球は何のためにあるんだ。いまこそ我々が野球をやらないと、野球選手たり得る意味がないんだ」と。

こんな大変なときに野球なんて、という批判もあるだろう。けれど、

「いま、この状況の中で野球選手にできること、野球選手だからこそできることは何なのか。そしてどうすること、どうあることが野球のためになるのか。こんなときだからこそ、野球に対する感謝の気持ちを表現すべきだ」

その根底にあるのは、野球だけは絶対に裏切らない、という全幅の信頼だ。そこはみんなも納得しやすいし、それさえあれば向かう方向を間違えることもない。

そういうものが、このチームには流れている。

どうしても必要だった新球場

2023年3月の開業に向けて、北海道北広島市に新球場が建設されることが正式に決まった。コンセプトは『『北海道のシンボル』となる空間を創造する』。「世界がまだ見ぬボールパーク」を目指す。

北海道にやってきて15年が経ったファイターズだが、本当の意味で地元に根付くためには、まだもう少し時間がかかる。それを成し遂げるためにも、どうしても必要だったのが新しい球場だった。

新球場と言えば、近年では広島東洋カープのイメージが強いが、カープが強くなったのはやはり新球場の効果が大きかったと感じている。みんなに注目されることで、おのずと選手たちの集中力も増す。ファンが増えて、たくさん応援してもらって、そこに勝たなきゃいけないんだという空気ができてくる。若い選手が育つには、もってこいの環境だ。いまの強いカープは、あの球場の存在抜きには語れない。

そして、次は北海道だ。

ハコができるということは、物事の起点ができるということだ。起点ができれば、そこからいろいろなことが始められる。

プロ野球は一過性のものではないので、長続きさせられなければ意味がない。本当に新たな文化を作っていこうと思うんだったら、そういった環境は絶対に必要だ。

象徴的な新球場ができれば、みんなの印象も変わるだろうし、一度は行ってみようということになる。そうしたら、そこでたくさん新しい体験をしてもらえる。そして、その最高の環境で観てもらえれば、必ず「野球は面白い」と感じてもらえるはずだ。

イメージも、考え方も、体感も、すべてを変えてくれるのが新球場。そこからの発展性は大きい。

選手たちにとっても、この上ない最高の贈り物だ。完成イメージが公開され、ベテランも、新入団の選手も、誰もがそこで活躍している自分の姿をイメージしたはずだ。

ファイターズは、新球場元年には、必ず優勝しなければならない。

これは、絶対だ。

そうなるためにも、これから優勝を重ねて、常勝チームの雰囲気を作っていかなければならない。それを作って向かわなければ、肝心なときに勝ち切れないからだ。

使命ははっきりしている。あとは、やるだけだ。

新球場のイメージ（©H.N.F.）

ファイターズの人間力
それを体現するもの

引退セレモニーから見えるファイターズの魂

２０１８年シーズン、矢野謙次と石井裕也、チームにとって特別な存在だった２人がユニフォームを脱いだ。彼らは若い選手たちに大切なものを残し、我々にもたくさんのことを教えてくれた。

監督も、コーチも、選手も関係ない。一緒に学ぶしかない。命がけで生きてきた人たちの人生、生き様にしか伝えられないものがある。

それをファンの皆さんにも感じてほしいと考えた球団スタッフが、彼らの引退セレモニーを企画した。

なぜか。そこに「魂」があるからだ。

そして、それを盛大なものにし、特別な時間にしてくれたのは、ファンの皆さんだった。我々はスタッフにも、ファンの皆さんにも、ただ感謝の言葉しかない。ファイターズの一員でいられて良かったと、しみじみ思う。

「普通」とは何なのかを教えてくれた石井裕也

2018年というシーズンを振り返るとき、勝ち負けとは別に、いつまでも記憶に留めておきたい試合だった。9月30日、札幌ドームでの西武ライオンズ戦。ユニフォームを脱ぐことになった、石井裕也の引退試合である。

彼は先天性の難聴を患いながら、小学2年生から野球を始めた。その後、高校から社会人を経て、2005年にプロ入り。中日ドラゴンズ、横浜ベイスターズ（現横浜DeNAベイスターズ）を経てファイターズには2010年にトレードでやってきた。

監督1年目、いきなりリーグ優勝を経験させてもらえたのは、シーズンを通して、貴重なセットアッパーとしてブルペンを支えてくれた、彼の存在が大きかった。だが、迎えたジャイアンツとの日本シリーズは、そんな彼に、一人責任を背負わせるような結末となってしまう。最後のゲームとなった第6戦、決勝点を奪われた場面でマウンドにいたのが石井だった。実はそのとき、ベンチワークに小さなミスがあり、それが大きな失点を与えるきっかけとなった。彼に責任はない。もとより、選手が責任を背負うことなどないのだ。

数日後、彼が敗戦翌日の新聞を切り抜き、「石井で負けた」という見出しの記事を部屋に貼っているという話を聞いた。彼自身がその悔しさを糧にしてくれるのであれば、それはそれでいい。だが、その切り抜きを、家族は毎日どんな思いで見ているのだろうかと、しばらく引っかかっていた。

そして、優勝旅行で奥さんを紹介されたとき、その思いを素直に伝えた。何より、彼のおかげで優勝できたという感謝の気持ちを伝えたかった。そこで涙をぬぐう奥さんの姿を見ていたら、やっぱり家族も一緒に戦ってくれているんだということをはっきりと感じた。プロ野球とはこういうものなのだということを、1年目の新米監督に教えてくれたのは彼らだった。

その後の石井は、コンディションが整わないことも多く、何度も一軍と二軍を行ったり来たりした。

彼の左耳はまったく聞こえず、右耳も補聴器でかすかに聴こえる程度だそうだ。

そんな彼には、いったい何が「普通」なのかということを教えてもらった。障がいを持った方、苦しまれている方々がたくさんいる中、自分の置かれている状態が人それぞれの「普通」であり、その中で何ができるのかが一番大切なんだということを、彼は教えてくれた。

その14年間のプロ生活を締めくくる最後のマウンドが、チームにとっては絶対に負けられない試合（ゲーム差こそ離れつつあったものの、2位浮上の可能性も4位転落の可能性もある状況）の、なおかつ勝負のかかったしびれる場面で訪れたのは、彼のことをずっと見守ってきてくれた野球の神様の粋なはからいだったのかもしれない。

3点リードの7回、ツーアウト2塁でバッターは秋山翔吾という場面だった。秋山は、横浜商工高（現横浜創学館高）出身の石井にとっては、高校の後輩にあたる。

セレモニー的な登板になるケースが多い引退登板にしては珍しいその真剣勝負は、結果、渾身のストレートでレフトフライに打ち取り、石井に軍配が上がった。本当に彼らしい、ナイスピッチングだった。

試合後のスピーチも本当に素晴らしかった。これまであれだけ苦しんできて、自分のこともなかなか表現できなかった彼が、あそこまで頑張って、一人、マイクの前でしゃべり切ったという、あれには、本当に泣けた。20年後も、30年後も、あの引退試合のことを誰かに話しているような気がする。

引退試合の次の日も、そのまた次の日も、石井はバッティングピッチャーを手伝ってくれて、「監督、打たれるのって気持ちいいー」とか言って、楽しそうに汗を流していた。あの天真爛漫な姿を、一生大切にさせてもらおうと思う。

石井裕也引退スピーチ全文（2018年9月30日）

まず始めに、このような素晴らしいセレモニーを用意してくれた、ファイターズ関係者の皆様、そして最後まで残ってくださいましたファンの皆様、本当にありがとうございます。

小学校2年生から野球を始め、その頃からずっと夢だったプロ野球の世界に、14年間もいられたのは、たくさんの方々の応援や支えがあったからだと思っています。

ドラゴンズに3年、ベイスターズに2年、そしてこのファイターズに移籍してからの9年間は、僕にとって、かけがえのない時間でした。

ファイターズファンの皆様は、本当に温かくて、いつも僕に力をくれていました。

僕のプロ野球人生の中でも、特に印象的だった2012年の日本シリーズ第6戦。決定打を打たれて、敗戦投手になってしまった僕を、ファイターズファンの皆様はそれでもたくさんの声援、大きな拍手で迎えてくださり、心が折れそうになった僕を救ってくれました。

そんな皆様の気持ちに応えたいと思い、プレーを続けてきましたが、なかなか思い通りにできないことが多くなり、悔しさも残りますが、今季をもって引退するという決断をしました。

プロ野球選手ではなくなりますが、大好きな野球は、ずっと続けていきたいと思いますし、いろいろな形で野球の楽しさを伝えられたらなあと思っています。

最後になりますが、今日のために横浜から来てくれた親友と家族、特に母には感謝の気持ちでいっぱいです。難聴というハンディを持って生まれてきた僕をまわりの子と同じように育ててくれて、たくさんの愛情を注いでくれて、一番のファンでいてくれたお母さん、ありがとう。

そして調子が良いときも悪いときも変わらず明るく接してくれた妻と子どもたち、ありがとう。そして僕を信頼して使ってくれた栗山監督、いろいろなことを教えてくれたコーチの方、チームメイト、裏方さん、トレーナー、そしてサポートしてくれた球団関係者の皆様。この場を借りてお礼申し上げます。

14年間、ずっと幸せでした。

本当にありがとうございました。

最後まで自分を貫いた矢野謙次

そして、もう一人、ファイターズのユニフォームを脱いだ男がいる。

矢野謙次は、2015年のシーズン途中、読売ジャイアンツからトレードでやってきた。すると、翌日からいきなり大活躍。3連戦で二度もお立ち台に上がり、「ファイターズ、最高！」のセリフでファンのハートをたちまちつかんだ。

その年のクライマックスシリーズ、千葉ロッテマリーンズとの対戦となったファーストステージでは、全力疾走で左中間への打球をもぎ取ったファインプレーと、値千金の決勝タイムリーで、チームに勝利をもたらしてくれた。

野球界には「代打の切り札」という言葉があるが、矢野はまさしくそういう存在だった。同じ代打でも、相性や確率論で行ってもらう選手と、切り札の選手を切るのではまったく意味合いが異なる。チームにとっては、まさしく唯一無二の存在。矢野がベンチにいてくれるだけで、ここ一番で勝負ができる安心感があった。いつでも「代打、矢野」と言える、そのこと自体が、監督にとってはとても大きかったということだ。

彼が教えてくれたのは、いかに代打が難しいか、いかにバッティングが難しいかということだった。行くときの準備の仕方がすごい。気持ちを一点に集中させて、ボールの軌道をイメージして、ひと振りにかける。その一打席一打席は、彼の生き様そのものだった。

ともに戦った3年半、本当によくやってくれたし、彼には感謝しかない。

また、野球への愛情やリスペクトの示し方という点で、彼は若い選手たちにとって「生きた教材」となる選手だった。グラウンドに早く出てきて、悩んでいる若手の話を聞いてあげたり、相談に乗ってあげたり、そういうことが当たり前のようにできる選手。ベンチにいながらチームのために何ができるのか、どうしなきゃいけないのか、チームのための「魂」みたいなものをはっきりと示してくれた選手でもあった。

思い出すのは2016年、矢野は古傷を抱える右ヒザの状態が悪く、出遅れた。それでも、「代打の切り札」的な存在としてチームにはどうしてもその力が必要で、満足に走れる状態でないことは承知の上で、一軍に上げる旨を本人に伝えた。すると、彼はこう言ってきた。

「ファーストまで全力で走らない野球を、僕はやったことがありません」

いまの状態では、たとえ打つことはできても、そこからファーストまで全力で走ることができない。そんな選手に野球をやる資格はない、そう言うのだ。これまでどんな環境で、どんな姿勢で彼が野球に取り組んできたか、すべてを物語るひと言だった。

でも、その心を持った選手だからこそ、チームには矢野謙次が必要だった。

「悪い。これはそういうことじゃない。打つだけ打って、ケガしないように走る。うちのチームにはおまえが必要なんだ。気持ちはわかっているから、やれ」

そう言って半ば無理やり、一軍に引き上げた。

その年の成績は、35回打席に立って、29打数6安打8打点、打率2割0分7厘。でも、たった1本のホームランは、0対0で迎えた9回表、ここぞという場面で放った見事な代打ツーランだった。また、首位ソフトバンクホークスを迎え撃った大事な一戦では、同点の9回裏、ツーアウト満塁で打席に立つと、あっさりツーストライクに追い込まれながら、最後は体でボールを受け止めた。デッドボールでのサヨナラは、彼の執念が呼び込んだ大きな勝利だった。

２０１８年限りでユニフォームを脱ぐと決めた矢野の引退試合は、10月10日、札幌ドームで行われることになった。本人にスタメン出場を打診してみたが、やっぱりというべきか、「自分らしく行きたい」という答えが返ってきた。

そして、1点リードの7回、これが本当に最後となる「代打、矢野」を告げた。

名残を惜しむように4球ファウルで粘ったあと、7球目のストレートを見事に弾き返し、打球は三遊間を抜けてレフト前へ。これが矢野謙次、通算３７４本目のヒットとなった。

台湾の4割バッター・王柏融の獲得

台湾球界で2年連続打率4割（２０１６、１７年）、三冠王も獲得した「大王《ダーワン》」こと王柏《ワンボー》融《ロン》がチームの一員となってくれた。

２０１８年のオープン戦の時期、北海道移転15周年プロジェクトの一環で、彼が所属するラミゴ・モンキーズを招いて、札幌ドームで国際交流試合を行った。清宮幸太郎が、実戦の舞台でようやくプロ初ヒットを放ったのがその試合だった。

もちろんそのときから王柏融には注目していたし、近い将来、獲得に動くかもしれないということも想定していた。いまのファイターズは、比較的、外野にコマが揃っているが、それでも文句なしに「欲しい」と思わせる外野手だった。

その交流試合の際、暖かい台湾で生まれ育った彼が、雪国である北海道で、しかもまだ雪が積もっている季節に野球の試合をするということを、どのように感じるのか。そして、この北海道という土地において、ファイターズという球団がどういう存在なのか、それらを肌で感じてもらえたことは大きかった。そして何よりも、スタッフが誠意を尽くしてゲスト球団をもてなそうとする姿勢がとても嬉しく、誇らしく思えた。

ポスティング制度を利用した入札となり、正直、単純な金額勝負になったら分が悪いだろうと覚悟していた。だから、きっと彼はお金以外のことも加味して、交渉相手にうちを選んでくれたのだと思う。やはり人の心を動かすのは「誠」なのだと、ここでも大いに納得させられた。

そして、台湾で行われた入団会見では彼の人柄に触れ、王柏融という選手が台湾野球界にとってどういう存在なのかを肌で感じることができた。

何より印象的だったのは、にじみ出るその誠実さだ。集まった100人を超える報道陣からは次々と質問が投げ掛けられたが、はぐらかすのではなく、それでいて余計なことはいっさい語らず、一つひとつ自分の言葉で丁寧に答えていた。それは野球に取り組む真摯な姿勢を物語っているかのようで、ファイターズが誠心誠意、彼の獲得に尽力してきたのはやはり正しかったということを確信させてくれた。

そして、台湾プロ野球から、ポスティング制度を利用して海外に移籍する最初の選手になるということが、どれほど大きな意味を持つのか。彼が背負うものの大きさ、その使命を果たそうとする覚悟も、改めて実感させられた。

あえて引き合いに出させてもらうが、台湾における王柏融の日本移籍は、日本における大谷翔平のアメリカ移籍以上の、ある意味、歴史的な意味合いの強い出来事だといえるかもしれない。

一年前は「大谷翔平のことをよろしくお願いします」と心から思った。そして今回、王柏融を預かることになり、きっと同じような気持ちでいるに違いない台湾の方々の思いを想像せざるを得なかった。預かるファイターズの責任は重大だ。そして、その彼と一緒に野球ができる、これ以上の喜びはない。

チームに化学反応をもたらす金子弌大の加入

来《きた》るべき2019年シーズンに向けては、さらに大きな戦力も加わってくれた。球界を代表するピッチャーの一人、金子弌大《ちひろ》（千尋から改名）だ。

その存在は、単なる「戦力」というだけにとどまらない。豊富な経験や実績はもちろんのこと、野球に取り組む姿勢、物事の捉え方や考え方、それらすべてが若い選手にとっては貴重なお手本になる。いや、若い選手たちだけではない。我々も学ぶことは多い。

彼と接していて感じるのは、あれほどの実績を残してきてなお、野球に関する学習欲、知識欲がとても旺盛なことだ。日常的に、いつも新しいものを欲している感がにじみ出ている。人とは違うこと、まだ誰もやっていないことをやってみたいという貪欲さは、大谷翔平ともダブる。

そんな彼の加入は、チームに大きな化学反応をもたらしてくれるに違いないと確信している。戦力の足し算ではなく、掛け算が計算できる存在ということだ。

そして、その獲得によってファイターズの選手たちも、より一層「必ず優勝するんだ」というチームの本気度を感じ取ってくれたはずだ。そういった意味でも、金子弌大を迎え入れられたことによるプラスアルファは計り知れない。

こうやって挙げていっても、ファイターズのチームカラー、それはやっぱり野球へのリスペクトや愛に尽きると思う。それを持っているからブレない。先入観にとらわれない決断ができる。あとは結果を出すだけだ。

chapter.2

第2章

「四番」の責任

～中田翔と清宮幸太郎～

8年目、勝ち続けるために発想をゼロベースに戻す

7年間変わらなかったもの、「四番・中田翔」

２０１９年もチームを任せていただけることになった。自分にとってはこれが8年目のシーズンとなる。やるべきことはただ一つ、余計なことは考えず、日本一になることだけ。去年、負けたということは、「これじゃダメだ」と、はっきり突きつけられたようなものだ。あんなに悔しい思いをしたんだから、やるしかない。あの悔しさを活かせなければ、何の意味もない。

今シーズン、勝ち切るためには、もう一度、チームを壊さなければいけないと思っている。投手も、野手も、すべてだ。

壊すことにはもちろんリスクも伴うが、トータル的に考えれば、一回壊してしまったほ

うが組み立てやすい。それは、歴史が証明している。世の中の歴史の変わり目を見てもわかるように、本当に新しいものを作ろうとするには、いったん壊さないと始まらない。その覚悟を持てるかどうかがすべてだ。

これまで作ってきた形を活かして、それを何とかつなげていこうとすると、どうしても発想が狭くなってしまう。だから、発想をゼロベースに戻して、打てる手はすべて打っていく。

やはり優勝するためには、圧倒的な数字を残せる人、圧倒的に勝ちに貢献できる人が必要だ。そのためにも、チームの役割分担をいったんリセットして、新しい形を作る。

もっと言えば、ただ勝つために壊すのではなく、勝ち続けるための壊し方をしなければいけない。「絶対に勝つ」ではなく、「絶対に勝ち続ける」「常勝チームにする」くらいの強い気持ちを持たないと、壊す意味もない。

では、具体的に「発想をゼロベースに戻す」とはどういうことなのか。

本書の読者の皆さんにも、そのイメージを共有してもらうために、ここで中田翔とともに歩んできた7年間を振り返ってみたいと思う。

これを機に、これまで上梓してきた数冊の拙著も、改めて読み返してみた。ゆえに、これから記すことには過去に書いたことと重複するところがあることをご承知いただきたい。

思えば、このチームに7年間変わらなかったものがあるとすれば、「勝利の方程式」を狙うセットアッパーの宮西尚生と、そして「四番・中田翔」、そこだけかもしれない。それだけに、これからチームを壊し、新しい形を作っていくためにも、彼との歩みを振り返ることには意味があると考えた。

なお、この章では意図して、漢数字で「四番」とさせてもらった。「4番」と「四番」、その違いを感じながら読み進めていただけたら幸いだ。

エースと四番だけは出会いなんだ

自分の現役最後の年、新監督としてヤクルトスワローズにやってきたのが野村克也さんだった。それまで9年連続Bクラスだったチームを、野村監督はまもなく生まれ変わらせ、就任3年目の1992年、チームを14年ぶりの優勝に導いた。

その野村監督が、こんなことをおっしゃっていた。

「エースと四番だけは出会いなんだ」

良いピッチャー、良いバッターは育てることができる。でも、自他ともに認める「投の柱」、「打の柱」として、長くチームを支え得るエースと四番だけは、意図して育てることはできない。それだけ難しいということだ。

「エース」と「四番」の定義は明確ではない。毎年、どのチームにもエースと呼ばれるピッチャーはいるし、打順でいうところの4番目を打つバッターもいる。

だが、ここでいうエースと四番は、それとはややニュアンスが異なる。誰もが「この選手で負けるならしょうがない」と認める先発ピッチャーが真の「エース」であり、「この選手が打てなかったらしょうがない」と託せる中心バッターが真の「四番」、そんなイメージだろうか。

それは、毎年どのチームにもいるというものではなく、むしろ本当の意味でのエースと四番は、そうそう見当たらない。裏を返せば、強いチームにはエースと四番がいる、ということもできる。

中田翔を見て「出会った」と思った

その野村さんの言葉が、強く印象に残っていたせいかもしれない。1年目のキャンプで中田翔の打撃練習を見たとき、まさしく「出会った」と思った。もちろん一野球ファンとして、一取材者として、彼のことは高校時代から何度も見てきたが、これから一緒に戦う同じチームの選手としてはじめて見たとき、その印象は強烈だった。当時の中田は5年目、23歳になる年だった。

2年目、フレッシュオールスターゲームでMVPを獲得し、イースタン・リーグ二冠王に輝いたが、一軍での活躍が目立ち始めたのは、3年目の夏以降。4年目にようやくレギュラー定着を果たし、リーグ3位のホームラン18本を放つなど、ちょうど大器の片鱗を見せ始めた時期だった。

バッティングケージの中から、軽々と打球をフェンスの向こうに運んでいくさまは圧巻で、この若者はモノが違うと感じずにはいられなかった。あれは、努力すれば誰にでも身に付くという類のものではない。比べるのもおこがましいが、たとえ現役時代の自分が彼の5倍やっても10倍やっても、土台無理な話だ。ボールを遠くに飛ばす能力は、きっと天賦の才なのだ。

「ああ、これがあの野村さんでも作れなかったという、真の四番なんだ」

そのとき、強く思った。

「この才能を預かる以上、中田翔には球界を代表する四番になってもらわなくては困る。そうすることが、自分に課せられた使命なのではないか」と。強いファイターズを作るためにも、ひいては日本球界の未来のためにも。

「四番」と「4番」の決定的な違い

中田翔という選手は、この時代に改めて「四番」の意味や意義を、世の中に問う存在なのではないかと思っている。

ひと頃、「つなぐ4番」というフレーズが注目された時期があった。「4番」はあくまでも4番目に打つバッターであり、必ずしも長打や勝負強さだけを求められるのではなく、ほかの打順同様、次につなぐ役目も担っているというものだ。「つなぐ」という表現のあいまいさはさておき、その考え方は否定しない。

ただ、野球界で長く強調されてきた「四番」は、決して順番や役割を表すものではなく、「存在」そのものなのだ。「四番・長嶋」、「四番・王」、「四番・松井」……、偉大なスラッガーたちの名前には、枕詞のように「四番」が冠されることが多い。それは、打順がおもにそうだったということよりも、彼らが「四番」にふさわしい存在だったということを示している。

では、「この選手が打てなかったらしょうがない」とは、どういうことか。

「この選手が打てないくらいなら、きっとほかの誰が打席に立っても打てないはずだ」という能力に対する信頼は不可欠だ。

でも、それだけでは十分ではない。

どれほど勝負強いとされるバッターでも、チャンスに5割打てる選手はまずいない。つまり、誰でも5割以上は打ち取られる。

そう考えたとき、いざチャンスに打てなかったときにどう振る舞えるか、そこがひじょうに重要だ。その人としての振る舞いが、期待を寄せてくれた者たちの心を鎮めてはじめて、「しょうがない」と思ってもらうことができる。

「四番」の品格は打てなかったときにこそ問われる、ということだ。

Kuriyama's theme

「四番・中田翔」の黎明期 苦悩から変わり始めた姿勢

すべてを受け止めることが「四番」への道

はじめて見たときから、四番は中田と決めていた。だからこそ、キャンプ中から彼には、「すべての打席、すべてのストライクに対して何球フルスイングできるかをやろう」、それだけを伝えてきた。

中途半端なスイングで、結果、ヒットになるよりも、いつもしっかりとバットを振って、自分自身、納得のゆくスイングを追い求めてほしかったからだ。

就任1年目、オープン戦の中田は好調だった。57打数21安打13打点、打率3割6分8厘。最終戦となったマリーンズ戦では第2号ホームランも飛び出し、大いに飛躍の予感を漂わせていた。

ところが、いざペナントレースが幕を開けると、そのバットからピタッと快音が消えた。開幕から5試合、21打席連続ノーヒット。

バッターというのは、毎年、最初のヒット1本が出るまでは不安なものだ。それがなかなか出ないと、「今年は1本も打てないんじゃないか」とみるみる不安は膨らんでいく。あのときの中田は、まさにそういう精神状態だったはずだ。そんなことはありえないのだが、ノーヒットが永遠に続くかのようなプレッシャーを感じていたかもしれない。チームも2連勝のあと、3連敗を喫してしまったため、その責任を背負わせるような格好になってしまったのは申し訳なかった。

本人は苦しかったと思うが、心配はしていなかった。ただ、真の四番になるということは、それも含めて、すべてを受け止めるということだ。

とにかく結果よりも、一打席一打席やるべきことができているか、フルスイングできているかを自らに問いながら、前に進んでくれればそれでいいと思っていた。

あの年、新たな試みとして、両足を大きく広げ、腰を深く落としてステップを踏まずに打つ「ノーステップ・ガニ股打法」に取り組んでいたため、その打ち方の難点を指摘する声も上がっていた。

だが、それを修正するときは、あくまでも自分の意思で、納得した上で修正すればいい。それも含めて試されている、そう思って見守ることしかできなかった。

本拠地・札幌ドームでの試合が続いた開幕6戦目、チームとしては何としても連敗をストップして、勝率を5割に戻したい大事な一戦。

1回裏、先頭からの3連打であっという間に2点を先制したあと、追加点のチャンスで四番・中田に打席が回る。しかし、結果はサードゴロ。その後も、第2打席はライトフライ、第3打席はノーアウト1、2塁という絶好の場面で、空振りの三振に倒れ、これで開幕から24打席連続ノーヒットとなってしまった。

そして、1点差に迫られ迎えた8回裏、ツーアウトランナーなしで、この日4回目の打席が回る。

その4球目、高めのボールをフルスイングすると、打球はレフトスタンドへ一直線。25打席目、ついに出た今シーズン初ヒットは、チームの勝利を決定付ける第1号ホームランとなった。あの打席のことは、7年近く経ったいまも、まるで昨日のことのように思い出せる。

あの試合、実は5回の守備で、中田はファインプレーを見せている。打てなくても、集中力を切らすことなくプレーを続けることの大切さ。「四番」としての品格の大事さを、改めて教えてもらったゲームでもあった。

負けを悔しがるようになった中田翔

ようやく1本が出て、落ち着いたはずの中田だったが、そこから全開とはならなかった。もし、彼の四番に固執していなければ、ファイターズは前半戦から首位を独走していたかもしれない、という人もいた。勝負の世界に「たられば」はないが、それにはうなずけるところもあって、たとえば中田を下位打線に入れていたら、彼自身の成績は大きく違っていたかもしれない。中心となるクリーンアップと6、7番以降では、相手バッテリーのマーク、すなわち警戒の度合いがまるで違う。比較的マークのゆるい下位で打席に立っていたとしたら、間違いなく数字の上乗せはあっただろう。

だが、それがどれだけチームの勝利に結びついたかというと、それはわからない。逆に、いつも彼が四番にいてくれたからこそ、大きな連敗もせずに、チームは優勝争いができたという見方もできる。

特に後半戦、「中田が打つと勝つ」という雰囲気ができてきたことは、とても大きかった。厳しい戦いが続く中、勝つ形、勝てると思える形があるということは、チームにとって大きな強みとなる。

死に物狂いの戦いの末、リーグ優勝を決めたあと、それを引き寄せた最大のポイントはどこにあったのか、冷静になって考えた。

本当のことをいえば、どの試合も重要だった気がして、わからなかった。それでも、あえて一つ挙げるとすれば、というゲームがあった。9月23日、天下分け目の天王山といわれた、ライオンズとの3連戦の3戦目だ。我々ファイターズは、2位のライオンズに2・5ゲーム差をつけた首位で、敵地に乗り込んだ。2・5ゲーム差といえば、万が一3連敗すればひっくり返される、そういう差だ。

その初戦、13勝を挙げていたエース・吉川光夫を先発に立てたが、8回裏、ツーアウト2塁からまさかの3連打を浴び、無念のノックアウト。大事な一つ目を落とした。

さらに、2戦目も4点のリードを守り切れず、痛恨の逆転負け。連敗で、とうとう0・5ゲーム差とされてしまった。

翌日の3戦目、ライオンズの先発は10勝をマークしているエース格の岸孝之。何としても3連敗だけは避けなければ、というプレッシャーがチーム全体に重くのしかかり、打線は5回までわずか2安打と、岸の前に沈黙し、2点のリードを許す苦しい展開で、6回表の攻撃を迎えた。そこで、四番・中田翔である。

この3連戦、中田は初戦の第一打席でタイムリーヒットを放って以来、9打席凡退が続いていた。本人としても、期するところはあったはずだ。ベンチから見ていて、その微妙な変化にも気付いていた。悔しがり方が変わってきていたのだ。それまでは、自らの凡退を悔しがることはあっても、ほかの場面でそんな様子を見せることはあまりなかった。その中田が、はっきりとチームの負けを悔しがるようになっていた。自分が打てなかったせいで負けた、それを必死に受け止めようとしていた。そういった変化は、はたから見ていてもわかる。ああ、ようやく変わってきたなと。

2点を追う6回、ノーアウト3塁というチャンスで打席に立った中田は、岸が投じた5球目を、狙い澄ましたように振り抜いた。打球はライオンズファンが陣取るレフトスタンドへ一直線。チームを崖っぷちから救う、値千金の同点ツーランだった。

ピッチャーの岸が投じたのは、「伝家の宝刀」ともいうべきカーブだった。おそらくあの一球、中田はエースのウイニングショットであるカーブを狙っていた。バッテリーからすれば、中田はできればストライクゾーンでは勝負したくないバッターだ。言い換えれば、何とかボール球を振らせたい相手ともいえる。では、そんな相手からどうやってストライクを取っていくか。そうなると、待たれている可能性が高いストレートよりも、変化球中心で、となるのがセオリーだ。中田自身も、それは一番よくわかっているはずだ。

だから、状況によっては配球を読んで、変化球を狙えばいいのに、と周囲は考えるのだが、当時の彼は「それがスラッガー」とでもいうかのように、ほぼストレート待ち一辺倒だった。その中田が、あの場面でカーブを待ち、それを完璧に捉えた。

四番の誇りが、スラッガーのこだわりを凌駕した、そんな場面にも見えた。いつか彼が、自らの野球人生を振り返るときが来たら、きっと思い出される一発になったはずだ。

さらに次の打席、ツーアウト1、2塁という勝ち越しのチャンスで登場した中田は、そこでも2点タイムリーツーベースを放ち、チームの連敗を止めてくれた。あの勝利がなければ、あの年の優勝はなかったかもしれない。そんな、貴重な1勝だった。

四番は打席に立ち続けなければならない

「鉄人」と呼ばれ、昨年（2018年）その生涯を閉じられた衣笠祥雄さんや、金本知憲さんに代表されるように、試合に出続けることは、それだけで大きな価値を持つ。

衣笠さんは、デッドボールで左肩の肩甲骨を骨折した次の日、代打で登場し、江川卓さんの剛速球を3球続けてフルスイングし、空振り三振に倒れた。試合後、衣笠さんは「1球目はファンのために、2球目は自分のために、3球目は、僕にぶつけた西本（聖）君のためにスイングしました」とコメントした。

金本さんは、やはりデッドボールで左手首を剥離骨折した翌日、スタメン出場し、ほぼ右手一本で2本のヒットを放った。

ケガを押しての出場を単なる美談にしてはいけないが、こういったエピソードに触れると、やはり心が震える。

2012年、ジャイアンツとの日本シリーズでのこと。第2戦の第1打席、中田は左手甲にデッドボールを受けた。やむなく途中交代させた当日の検査では、打撲と診断されたが、シリーズ終了後の精密検査の結果は、左手第5中手骨の骨折で、全治3週間とのことだった。中田は、第3戦以降、フル出場を続けていた。

そんな状態だったにもかかわらず、2勝3敗で再び東京ドームに戻った第6戦では、0対3の劣勢から、起死回生の同点スリーランを放り込み、試合を振り出しに戻してくれた。

1年間やってきて良かった、四番で使い続けてきて良かった、心の底からそう思わせてくれる一発だった。

さらに、最も印象的だったのはその次の打席、また1点を勝ち越されて迎えた8回表、先頭バッターとして打席に入った中田は、マシソンが投じたワンボールからの2球目、ものすごいフルスイングを見せた。力強さだけなら、打球をレフトスタンドまで運んだ前の打席以上、本当に魂のこもったひと振りだった。残念ながら、打球は前には飛ばず、惜しくもファウルチップとなったが、四番の覚悟を見せてくれたあのスイングには、ある意味、ホームラン以上の価値があったと感じている。左手の痛みは相当なものだっただろう。それでも強い心が、体を動かしてくれた。

もちろん、骨折しているとわかっていれば、あそこまで強行出場させることはなかったと思う。ただあの場面、気持ちさえ折れなければ、いつだってあれくらいのスイングはできるんだということを、中田自身、肌で知ったことが、あの日本シリーズでの一番の財産だった。四番は打席に立ち続けなきゃならない。チームを勝たせなきゃならない。

開幕から24打席連続ノーヒットという苦しみを味わった男が、最後の最後に、本当の意味での四番としてのスタートを切ったシーズンだった。

「こんちは」と「行くぞ」と「頼むな」

その年のある日、こんなことがあった。試合開始直前、中田がのこのことやってきて、突然、

「こんちは」

と、挨拶してきたのだ。

まもなくプレーボールがかかろうというタイミングで、拍子抜けするような声をかけられ、一瞬、力が抜けてしまった。

思い返してみると、その日は球場入りしてから、たまたまずっとバタバタしていて、彼とは顔を合わせていなかった。毎日、必ず挨拶してくる男なので、ふとそれを思い出したのかもしれない。で、試合開始直前に「こんちは」と。中田らしいな、と思った出来事だった。

その後、彼との付き合いもかなり長くなってきたが、シーズン中は、ほとんど会話らしい会話をすることはない。

中田に限ったことではないのだが、選手とは、いつも一定の距離を保つようにしている。

思うところあって（これは後述する）、そう心掛けていたら、いつのまにかその距離感が身に付いてしまった。

いつ頃だったか、彼が何かのインタビューで「監督とは何も話していません。監督は何も言わない。でも、だから信用できるんです」と答えているのを目にしたことがある。だったら良かった、と少しだけホッとした。

シーズン中、中田翔にかける言葉は、ふた言あれば十分だ。

「行くぞ」

「頼むな」

そして、彼の返答は、

「はい」

いつも決まって、そのひと言だけだ。

思えばそれだけであっという間に7年、この先もまだ、当分そんな感じが続きそうだ。

圧巻の４試合連続ホームラン

２０１４年、中田翔にとって「お父さんのような存在」だった稲葉篤紀が、20年間の現役生活に別れを告げた。

10月5日、札幌ドームで行われた引退セレモニー、「稲葉さんが日本ハムにいなかったら、いまの僕はなかった」という中田は、花束を手渡し、人目もはばからず号泣した。スピーチでは、稲葉が「中田翔のことをよろしくお願いします」とかわいい後輩をいじって、場内の泣き笑いを誘った。

そんな2人が、最後に一緒にプレーする機会となったのが、そのあとに控えていたクライマックスシリーズ。そこは、この年、打点王の初タイトルを獲得した中田翔の独壇場だった。

まずは、勝ったほうがファイナル進出となる大一番、台風接近の影響で一日延期となった、オリックスバファローズとのファーストステージ第3戦だ。延長10回表、先頭バッターとして打席に入った中田は、現在、メジャーリーグで活躍する平野佳寿から、センター・バックスクリーンに決勝ホームランを叩き込む。「相手が自信を持っている球を打ち返してやろう」と、150キロのストレートを豪快に弾き返し、チームを次なるステージへと導いた。

そして、福岡に移動してのホークスとのファイナルステージでは、その四番のバットがさらに火を噴く。

第1戦、7回に大隣憲司から同点ソロ、第2戦、6回に武田翔太から相手を突き放すツーラン、第3戦、6回に東浜巨からダメ押しのスリーラン。日本シリーズも含めた、ポストシーズン4試合連続ホームランの新記録を打ち立てた。

続く第4戦こそいったん当たりが止まったものの、迎えた第5戦、1点を追う8回表、五十嵐亮太からレフトのポール際に叩き込む、同点ホームラン。この一発がチームをよみがえらせ、延長11回の中島卓也の決勝打を呼び込んだ。

結局、チームは最後の最後でホークスの前に力尽き、日本シリーズ出場はならなかったが、まさに中田が「これぞ四番!」というものを見せてくれたシリーズだった。

Kuriyama's theme

大きなものを背負う中田翔と使命、その戦い

「ファーストで出られます」と言ってほしかった

「四番・中田翔」は、徐々にその名にふさわしい存在になりつつあった。それは成績を見ても明らかだ。

2012年・24本塁打・77打点
2013年・28本塁打・73打点
2014年・27本塁打・100打点（打点王）
2015年・30本塁打・102打点

ただ、こちらがそれで満足していたか、というとそうでもない。

中田には、よほどのことがない限り、全試合フル出場を課してきた。チームの顔として、プロ野球の看板選手として当然の責務、使命と考えているからだ。

たとえば、大量得点差がついた試合の終盤にレギュラークラスの選手を「休ませる」という考え方がある。実際、これまでもそういうことをしてきたが、こと中田翔に関してはいつもグラウンドにいなければならない、と思っている。そういう存在こそが「四番」だと。

2015年シーズンのこと、8月終わりのある試合で、ツーベースを打った中田が、二塁に滑り込むのをためらったことで足をとられて転倒、右足首を痛めた。トレーナーいわく「明日、状態を見てみなければわからない」とのこと。ひとまずは様子を見ることにした。

翌日、コーチに確認してもらったところ、本人は「DHだったら行けるんじゃないか」と、出場の意思を示しているという。首位ホークスとの直接対決で、前の日、先手を取っており、何としても3連勝がほしい大事な局面だ。自分が外れるわけにはいかない、という責任感が伝わってきた。たしかに守備に就かなければ、体への負担を最小限にとどめながら、バッティングでチームに貢献することができる。

でも、こちらが望んでいたものは違った。

「大丈夫」(=ファーストで出る)と言ってほしかった。

彼が誰よりも肉体を酷使していることは重々承知の上で、もし打って走ることができる状態ならば、冷静な判断をも超越した確固たる覚悟をもって、「大丈夫」と言ってほしかった。

中田をDHに回したら、打率チームトップの近藤健介を、スタメンから外さなければならないという事情もある。だがそれ以上に、中田翔という選手が、真に唯一無二の存在なのだということを、いま一度、彼自身に感じてほしかった。そんな思いから、あえてスタメンから外す決断をした。外されることで、その意味を、もっともっと強く感じてほしかった。

試合は、4点ビハインドの劣勢から、8回表、先頭の代打・大谷翔平がフォアボールで出塁すると、そこからノーアウト満塁とし、タイムリーヒットが2本続いて1点差に迫る。

さらに、ワンアウト1、3塁という場面、ここで勝負の「代打・中田」。その年はじめて、ベンチから戦況を見守っていた主砲は、ホークスの守護神・サファテの3球目を弾き返し、レフト前への鮮やかなタイムリーヒット。意地の一打だった。

前日から、彼とはひと言も交わしていない。だが、魂のやり取りはたしかにあった。その答えが、このひと振りだったと信じている。

ただ、試合には1点差で敗れてしまった。起用しようと思えば、DHで使えたはずの四番を、自分の一存でスタメンから外した監督の責任は重い。

でも、いま振り返っても、あの日の決断を後悔してはいない。結果を引き受けるのが、監督の仕事。その覚悟をもって、信念をもって決断しなければならないことはある。

「四番・中田に代わりまして、代打・矢野」

この7年間でたった一度だけ、四番・中田に代打を送ったことがある。負傷によるものではなく、しかもチャンスに、だ。

それは、チームが日本一になった2016年のことだ。

数日前、首位ホークスに、このシーズン最大となる11・5ゲームの差をつけられ、ここから何とか巻き返したいと、みんな必死になっていた。

そんな中、4連勝とようやく波に乗り始め、迎えた6月27日のライオンズ戦。4点差を追う7回裏、2点を返し、さらに2アウト1、2塁というチャンスで、中田に、代打・矢野謙次を送った。

中田は、直近の10試合で38打数4安打、この日も3打席ヒットがなかった。とはいえ、調子が悪いからという理由で、彼を代えることはない。「相手をやっつけるんだ」という強い気持ち、戦う気持ちをもって必死になっていてくれさえすれば、それだけでも、いてもらう意味はある。チームの四番は、誰よりも「命がけで勝ちにいく」という、戦う姿勢を体現する存在でなければならない。

だが、その気持ちが、あのときばかりは折れかかっているように見えた。それが、あそこで代打を送った理由だ。

代打の矢野は、一度もバットを振ることなくフォアボールを選び、満塁からタイムリーヒットがつながり、逆転勝利を呼び込んだ。

そして翌日、中田をスタメンから外した。腰痛も理由の一つだったが、一番は、闘志を取り戻してほしかったからだ。

本来、好調なときも、不調なときも、どんなときでも四番にふさわしい姿であり続けられるのが中田翔という男だ。だからこそ、数字など二の次で、四番はこの男しかいないと信じてきた。でもその彼から、中田翔であり続けようとする気持ちが薄れ始めていると感じたとき、それを取り戻してもらうために手を打たざるを得なかった。

「四番は中田翔」、その考えにブレはない。むしろ、闘志が薄れつつある中田をあのまま四番で使い続けていたら、それこそ自分がブレた、ということになったはずだ。そこがブレ始めると、きっとそれは選手たちにも伝わってしまう。

いつも同じ思考で、根拠をもって、ある答えに行き着く。そのときどきで行き着くところは違っても、考え方は変わらない、それが「ブレない」ということだと思っている。

8月には、サヨナラのチャンスで三振に倒れた中田が、試合中にもかかわらず、球場をあとにしようとしたこともあった。幸い、チームはその直後にサヨナラ勝ちを収めたため、それを見届けてからの帰宅にはなったようだが、翌日、彼を呼んで話をした。たとえどう思われようといい、それが一方通行になっても構わないと思って、心の叫びをありのままにぶつけた。

はたして、あれが正しい選択だったのかどうか、その答えはわからない。そもそも、答えなどどこにもない。

一つだけ事実として残ったのは、あの年、中田翔が自身2度目の打点王のタイトルを獲得し、ファイターズは日本一に輝いたというとだ。

いつも正解はないからこそ、こうやって信じて、前に進んでいくしかない。

最大の試練の後にキャプテンに指名した理由

日本一になった翌年の2017年シーズン、中田に最大の試練が訪れた。6年連続の「開幕四番」でスタートしたシーズンだったが、その打撃不振は深刻で、4番をレアードに任せざるを得ない試合も目立った。

シーズン終盤には、「チームに迷惑がかかるし、若い選手に示しがつかないのでファームに行かせてほしい」と直訴されたこともあった。

でも、そうさせるわけにはいかなかった。

「そう思うなら結果を出せ」と、あえて四番で使い続けた。

結局、打率はリーグワーストの2割1分6厘。そして、ホームラン16本、打点67というのは、いずれもレギュラー定着後、最も低い数字だった。

国内FA権を取得していたため、シーズン終了後は動向が注目されたが、「ふがいない成績でチームを去ることはできない」と、残留を表明してくれた。

そして、そのオフ、ファンフェスティバルが行われた札幌ドームで、「新キャプテン・中田翔」を発表した。さすがにファンの皆さんも少し驚いていたようだが、あの歓声とどよめきは、期待の表れに感じた。

実は、周囲からは反対されていた。

ご存じのように、中田は「やんちゃ」なタイプである。あの髪型やアクセサリーはいかがなものか、プロ野球界を代表するスター選手たる者、もう少し身なりをきちんとすべきだ、という苦言も度々頂戴してきた。

もちろん、ファイターズにも「チームでの移動の際には、必ずスーツを着用すること」など、身だしなみに関するチーム内の約束事はいくつか設けられている。だが、そこに髪型やアクセサリーを制限するものは含まれていない。そこまで縛り付けるべきではない、というのが球団の基本的な考え方だ。

選手たちはみんなバラバラの環境で生まれ育ってきたのだから、何か一つのことを理解するにしても、人によって感じ方は異なるだろうし、成長の仕方だって違うはずだ。それを凝り固まった考えや先入観で縛り付けて、大切な素材を殺すことだけはしたくなかった。自分で気付き、自分の意思で変えていかなければ意味がない。つまるところ、本人の自覚の問題ということになる。

そんな中、「自分らしくある」ということを模索し続けている中田に、チームのまとめ役であるキャプテンをお願いしてみた。

やんちゃで、不器用で、決して優等生タイプではないキャプテンがいてもいいと思ったし、役割を持つことで人は変わる、そういった思いも込めての指名だった。

中田翔のレベルはいまのレベルではない

小3のとき、野球を始めたという中田だが、キャプテンを任されたのはこれがはじめてだったという。どのカテゴリーでもキャプテンに指名される選手もいれば、またその逆もいる。そういった意味では、彼はいわゆる「キャプテンタイプ」の選手ではなかったということになる。

でも、そんな彼なりに、キャプテン就任1年目となる2018年シーズンはよく頑張ってくれたと思う。キャプテンに求められる役割を、本当に一所懸命やり切ってくれた。

象徴的だったのは、5月15日、東京ドームでのライオンズ戦だ。0対0で迎えた7回の守備で、一塁側のベンチ前に上がった小飛球に向かって猛然とダッシュ、ダイビングして地面すれすれで好捕した。チームは直後の攻撃で2点を奪い、そのまま2対0で勝利した。

けれども我々は、彼にキャプテンとして、チームのために犠牲になってほしいと願っていたわけではない。誰よりも本人がそれを一番よくわかっていると思うが、我々が求めているものは、どこまでいっても中田翔自身の結果であるということだ。

あえて厳しいことを言うが、そういう意味では、我々は彼にこんな数字を求めているわけではない。中田翔という選手は、こんなレベルではない。

誰からも一流と認められる数字を残せるはずの選手なのだ。

彼には、どうかそのことをわかってほしい。

頑張ったからいいんじゃない、ということを。

言うまでもなく、ここで頑張るのはごく当たり前のこと。プロは結果を残すために頑張っているのであって、頑張ったから、といって評価される世界ではない。

もっと言うなら、中田翔はまだまだ頑張ってはいない。彼が本気で頑張ったら、こんな数字で終わるはずがないのだ。まだ、そこが救いだ。

もうこれ以上頑張れないというほど頑張ってこの数字なら、これが自分の実力だと納得してしまう可能性がある。それが一番怖い。でも、まだ頑張り切れていないなら、これからもっと頑張りようがある。

発奮したり、もっと頑張ろうと思ったり、そういうものの根っこにあるのは「志」だ。それはファイターズが大事にしている「人間力」にも通じる。こうしたい、こうなりたいという「志」から始まって、そこに対して何をしようとしたのか、そして何ができるのか。一所懸命やるのはわかる。では、何のために一所懸命やるのか、何のために全力疾走するのか。それは勝つため、結果を残すため。だから、ただやり続けてみたところでわからないことはたくさんある。勝って、はじめてわかることがある。勝つことを経験してみないと、直結しないことがたくさんある。

そういうふうに単純に考えていかないと、何ごとも前に進まない。

「四番・中田」のもう一つの理由

ホームラン王のレアードがいても、あの大谷翔平がいても、それでも中田翔を四番で使い続けてきたのには、もう一つ明確な理由がある。

たしかに、大谷の飛距離は半端じゃない。フリーバッティングだと、札幌ドームのライトスタンド上方にある大型ビジョンを直撃するんじゃないかと思うこともよくあった。いまやメジャーリーグで勝負するようになって、そのスケールはますます大きくなっている印象だ。

でも、少なくともファイターズにいた当時の彼には、明らかに苦手なボールがあり、残念ながら打てないタイプのピッチャーは、どうやっても打てない感じがあった。

それに対して、中田は「このタイプのピッチャーが来ると、からっきしダメ」という相手がいない。少しくらい苦手意識があっても、打つときは打つ。自分がどんな状態でも、どんなピッチャーが来ても、何とかしてくれそうな雰囲気があるというのは、とても重要なことだ。その可能性が高くないと、チームは背負えない。

「当たればデカい」ではないが、たとえ調子が悪くても、フルスイングできるというのも大きい。ホームランバッターのすごさってこういうことなんだろうな、というのは、これまで何度も感じさせられてきた。

そして何より、彼の最大のすごみは、状態が上がってきたときにある。状態が上がって、本当に集中すると、中田は打てないピッチャーがいなくなる。相手との力関係で、どうしても打てないということがまったくない。どんなピッチャーが、どんなボールを投げてきても、打ててしまう。みんなが打てなくて苦しんでいるとき、チームを救ってくれるというのはそういうことだ。

どんなにすごいバッターでも、いつも打つことはできない。でも、いつも期待させるバッターでいることはできる。

そうじゃなきゃ、四番は張れないということだ。

未来のファイターズの中の、中田翔

２０１８年のオフ、前年は国内ＦＡ権を行使せずに残留してくれた中田だが、今度は海外ＦＡ権を取得し、またその去就が注目されていた。

結論としては、今回もＦＡ権は行使せずに、チーム残留を決めてくれた。今回は３年契約だという。

２０２３年の開業を予定している新球場のイメージ映像には、中田の表情やバッティングシーンが映し出されていた。それが、たまたま現在の中心選手のものを使用しただけなのか、それとも別な意図もあって球団が用意したものなのか、それはわからない。いずれにしても、新球場が完成したとき、先頭に立って頑張ってほしいという球団の純粋な思いが、中田翔という「永遠の野球少年」に伝わったのだと思う。

さらに加えて、彼には2年連続となるキャプテンを引き受けてもらった。

「今年（2018年）は悔しいシーズンだったので、やり返したい気持ちがある。きれいごとを並べてもしょうがない。叩きつぶす気持ちで行く。クールだとか格好いい野球は必要ない。がむしゃらに戦っていきたい」

そう語った彼のキャプテンシーは、新入団の選手にも届いていた。

夏の甲子園で準優勝した秋田・金足農業から、ドラフト1位での入団が決まった吉田輝星は、

「中田翔選手に会ってみたい。四番を担う雰囲気がすごい」

「中田翔選手のようにチームを引っ張る選手になりたい」

と、中田への憧れにも似た思いを語っていた。

テレビ番組でも印象的な企画があった。

『報道ステーション』（テレビ朝日）の、今年（2018年）一番熱く盛り上がったシーンを、各球団100人のファンに聞いたというコーナーで、ファイターズファンが一番に選んでくれたのは、8月1日、帯広で行われたマリーンズ戦の、中田翔のサヨナラヒットだった。

中田翔という男は、やっぱりみんなに愛されているんだなと、つくづく感じさせられた。

2018年、「四番」を壊す
清宮幸太郎という存在

すべて中田翔にかかっている

そしていま、新シーズンに向け、自分はチームを壊そうと考えている。本当に新しいものを作るには、いったん壊す必要がある。

そのために、覚悟を持って、いったん発想をゼロベースに戻す。そう、「四番・中田翔」も含めてだ。

真の四番たる存在感を示し、その座を守り続けるのか、それとも誰かに明け渡してしまうのか。それは、すべて中田翔、本人にかかっている。

たとえ中田であっても、調子が悪ければ試合には出られない。ＤＨも考えていない。守って、打つ、それ以外に選択肢はない。「壊す」というのは、そういうことだ。

彼には、球界の未来のためにも、日本のプロ野球を代表する真の四番になってほしいと願い続けてきた。しかし、それよりも何よりも、チームが勝つために、彼には不動の四番バッターであり続けてもらわなくては困るというのが、監督としての本音だった。それが、チームが一番勝ちやすい形だと信じてきたからだ。

そこをいったんリセットして、いま一度、ゼロベースでチームが一番勝ちやすい形を考えてみる。

それが、「四番・中田翔」なのか、それとも遠くない将来、「四番・清宮幸太郎」ということになるのか。

あくまでも将来のためではなく、まずは次のシーズン、日本一になるための選択をしなくてはならない。

清宮幸太郎という才能

当時、高校通算ホームランの最多記録を持っていた中田翔の入団からちょうど10年、その記録を大きく上回る111発という記録をひっさげ、清宮幸太郎はファイターズにやってきた。

ドラフト会議で7球団が競合した逸材だけに、周囲の期待は大きかったが、1月の新人合同自主トレで右手親指を打撲し、キャンプではなかなか打撃練習ができなかった。

オープン戦では、19打席ノーヒットと不振が続き、さらに、3月中旬には「限局性腹膜炎」で緊急入院。その影響で、体重は8キロ減ったという。というわけで、彼のプロ生活は、まずは野球ができる体に戻していくことから始まった。

開幕は二軍で迎え、公式戦初ヒットが生まれたのは4月17日、イースタン・リーグの東北楽天ゴールデンイーグルス戦。普通にやれば打つのはわかっていたので、ヒットを打ったと聞いても、「ああ、ようやく元気になってきたんだなぁ」という感じだった。

一軍デビューは5月2日のこれもイーグルス戦で、「6番・DH」で出場すると、2回の第1打席、いきなりセンターオーバーのツーベースを放ち、札幌ドームのファンを喜ばせた。

相手は、球界を代表するピッチャーの一人である岸孝之。

そう思うと、ファイターズは不思議と岸とは縁がある。先にも書いたように、優勝した2012年、中田翔の覚醒を確信したホームランは、当時ライオンズの岸から放ったものだった。さらに、翌2013年の開幕戦、「8番・ライト」で先発出場したルーキーの大谷翔平が、5回の第2打席、プロ初ヒットとなるライト線へのツーベースを放った相手も岸。そして、今度は清宮。

中田、大谷、清宮、そういう星の下に生まれた選手は、本当に力のある選手と巡り会うようにできているのかもしれない。

1年目は「必要なものを与えていく」

デビュー戦で、運良く初ヒットが出た清宮だったが、その後、トントン拍子にはいかなかった。

21試合に出場して、打率1割7分9厘、ホームラン1本、打点2。5月末の交流戦開幕を前に、もう一度、二軍に行ってもらった。一カ月弱、一緒に野球をやってみて、一軍で活躍するためにはやっておかなければならないことがたくさんある、ということが改めてよくわかった。それがはっきりしたので、それを経験させるためにファームに行かせた。そこで前に進めば、また一軍で、別な経験をしてもらう。

1年目の道筋としては、彼に必要なものをちゃんと与えていく、ということがベースになっていた。これは清宮に限らず、すべてのルーキーに言えることだ。

野球界では「即戦力」という言葉がよく使われるが、監督になって、ドラフト1位で獲った選手が、1年目からチームの勝ち、優勝に貢献してくれるイメージを持ったことはない。

2014年秋のドラフトで4球団が競合した早稲田大の有原航平は、即戦力の呼び声高いピッチャーだったが、ファイターズが抽選で交渉権を獲得し、入団が決まったあとも、やはり1年目は「必要なものを与えていく」ということを第一に考えていた。

高卒ルーキーであれば、なおさらそう。清宮のずば抜けた能力に疑いの余地はないが、これから長くプロの世界でやっていくためには、必ず通らなければならない「道筋」がある。そういう意味では、最初のうちに、中途半端に結果が出なくて良かったとも思う。それでは、彼のためにならなかったと思うので。

ダメなものがはっきりと出てくれたおかげで、本来通るべき道筋を、ああして歩むことができたのだと思う。

「タイミング」は、野球の神様からのメッセージ

清宮を再び一軍に呼んだのは、忘れもしない8月21日のことだ。同じ左のスラッガーで

あるアルシアのコンディションが思わしくなく、3日前に登録を抹消していたという背景もあっての再昇格だったが、実は清宮自身も万全の状態ではなく、ファームでも守備に就くことを見合わせているような状況だった。

それでも、半ば強引に呼び寄せたのは、この日予定されていたのが、静岡・草薙《くさなぎ》球場での試合だったからだ。草薙球場には、沢村栄治、ベーブ・ルースの銅像が鎮座している。1934年の日米野球での、伝説の対決を記念したモニュメントだ。あくまでも個人的な印象だが、清宮の風貌は、あのベーブ・ルースと重なるところがあり、うまくタイミングが合えば、「会わせて」やりたいと思っていた。

試合前、時間を縫って、銅像に足を運んだという清宮は、その日、「6番・DH」で出場し、7回の第3打席、ライトスタンドにツーランホームランを叩き込んだ。あれは、きっとベーブ・ルースが打たせてくれたホームランなのだと、これも個人的にだが、思っている。

それで思うのは、そういう選手にはおのずと「タイミング」が訪れる、ということだ。タイミングは、野球の神様からのメッセージだと思っている。それを、ちゃんと受け取れるかどうか。受け取るためには、いつでも行けるように、しっかりと準備だけはしておかなければならない。

一所懸命やっていれば、いつか必ずタイミングは訪れる。一所懸命やっていなければ、それは気付かぬうちに流れてしまう。

そして、監督の立場からすると、そのタイミングはまるで頃合いを見計らったかのように、「ここで来たか」というところで訪れることが多いように感じる。ゆえに、タイミングはメッセージと考えるようになった。

そのとき、変な先入観を持っていると、「そんなの常識的に無理だよね」みたいな発想になって、タイミングを見逃してしまう可能性がある。ある程度、経験を積んで、少しずつ野球がわかり始めてきたという意識が芽生え出すと、その落とし穴に陥りがちだ。そうならないためにも、いつもフラットに、プレーンに、ピュアに、先入観を捨てて、野球とは向き合っていかなければならない。ファイターズの哲学でもある。

清宮幸太郎の守備をどう捉えるか

清宮の守備について、たびたび指摘されることがある。

「プロとして恥ずかしくないレベルにあるのか」という点だ。

たしかに、彼の守りは、お世辞にも「うまい」とは言えない。かと言って、プロでプレーできないレベルでもない。まあ、本人が恥ずかしいと思わない範囲であれば、その中で少しずつ前に進めばいい、というのが正直なところだ。

そもそも、実はその点については、あまり論じる必要がないと思っている。端的に言えば、「清宮幸太郎に、日本一のファーストの守備を求めるのか」ということだ。

それより、ホームラン50本を求めたい。50本打ってくれれば、多少のことは我慢できる。例に出して大変申し訳ないが、2018年のパ・リーグを制したライオンズの内野守備はどうだったか。ショートに、スペシャルな存在である源田壮亮はいたが、それ以外は「それなり」だったように思う。でも、チームがあれだけ打ちまくると、大概のことは気にならなくなるし、源田の印象に引っ張られたのか、周りもだんだんうまく見えるようになっていった。バッティングに関する「自信」がもたらす好影響も、少なくなかったかもしれない。つまり、そういうことなのだ。

何より、そういう考え方をしておいたほうが、人は活かせる。選手が持っている能力、特長をうまく使って、チームを勝たせるのが我々の仕事だ。

そう考えれば、清宮の守備は「それなり」でもいい。

「ネクスト」で終わった清宮幸太郎の1年目

勝者はライオンズが待つファイナルステージへ、敗者はその時点でシーズン終了となる、ホークスとのクライマックスシリーズ・ファーストステージ第3戦。3点を追う9回表、ツーアウト1塁で打席にベテランの田中賢介、ネクストバッターズサークルには、代打での出番を待つ清宮幸太郎が控えていた。両チーム合わせて6本のホームランが飛び交ったこの試合、はたして「一発が出れば同点」という場面は訪れるのか……。

あのとき、もしそうなっていたら、裏の守備のことはどう考えていたのかと、オフになって何人にも尋ねられた。清宮に同点スリーランが出ていたら、中田をサードにまわして、ファーストに清宮、いや、淺間大基をサードに入れて、中田か清宮のどちらかを下げる……。考え方はいくつもあった。でも、裏の守りなんて関係ない。追いつかなければ何も始まらないのだ。本当に野球の神様がいるなら、どうか清宮まで回してください、ただひたすらそう願っていた。

しかし、その場面は訪れなかった。チームの敗退が決まり、清宮の1年目はネクストバッターズサークルで終わった。

彼には、なぜあの場所で終わったのか、そのことを考えてほしい。

高校までの野球人生は順風満帆だった清宮にとって、おそらくはじめて我慢することを強いられた一年だったのではないか。記憶に残る7本のアーチは描いたものの、ベンチ入りしたクライマックスシリーズでは、結局、出番はやってこなかった。それはいったいなぜなのか。

一つ言えるのは、あの時点で、機会を「与えられて」出場する時期は、もうすでに終わっていたということだ。

クライマックスシリーズのとき、清宮の状態はとても良かった。打撃練習を見ていて、正直、使いたいと思った。でも、使えなかった。超短期決戦のファーストステージで、少しでも勝つ確率を上げるためにはどのメンバーで臨むべきなのか、相手が一番嫌がるのはどんなラインナップなのか、少なくともその答えの中に彼の名前はなかった。

もしかすると、監督をやって1、2年目の自分だったら、与えて、与えて、ダメでもいいから経験させて、それを次に活かしてくれればいいというふうに考えたかもしれない。でも、この何年かやってきて、本人は悔しいかもしれないけれど、その悔しさを味わわせることも大切だということを肌で感じてきた。そのほうが本人のためになると思ったら、あえてそれをやるのが本当の愛情だと。

出番がなかったことがこれからどんな意味を持ってくるのか、その答えはわからない。ベンチに入ったことが大きな経験だったのかどうかさえ、いまはまだわからない。

ただ、試合に出ることだけが野球じゃない。あそこから野球を観ること、あの超短期決戦の凄さ、怖さ、面白さ、すべて含んだその空気を知っておくこと、それにも意味はあると思っていた。

そう、1年目の清宮幸太郎は、代打での出番を待ち、ネクストバッターズサークルで終わる選手だったということ、それだけだ。

2019年、キャプテンとして2年目を迎える中田は、「四番・中田翔」であり続けるのか。はたまた、プロ野球選手として2年目を迎える清宮が、「四番・清宮幸太郎」の扉を開けるのか。どちらであっても、ファイターズ日本一への挑戦の、最重要ポイントであることに間違いない。

2016年、日本シリーズでホームランを放つ中田翔（©共同通信／アマナイメージズ）

chapter.3

第3章

監督としての1000試合

～7年目の備忘録とともに～

Kuriyama's review

監督として1000試合何もわかっていない

［北海道日本ハムファイターズ　年度別成績※（ ）内はポストシーズン］

2012年	1位	144試合	74勝59敗11分	（+9試合）
2013年	6位	144試合	64勝78敗2分	
2014年	3位	144試合	73勝68敗3分	（+9試合）
2015年	2位	143試合	79勝62敗2分	（+3試合）
2016年	1位	143試合	87勝53敗3分	（+11試合）
2017年	5位	143試合	60勝83敗	
2018年	3位	143試合	74勝66敗3分	（+3試合）

1004試合（+35試合）＝計1039試合

監督として、7年目のシーズンを終えた。

プレイヤーとしては7年間で現役生活を終えているので、その年数に並んでしまったことになる。現役時代の出場は494試合、監督としては驚くことに1000試合を超えた。この歳になって、勝った負けたで毎日ヘトヘトになれる、野球人としてこれほど幸せなことはない。

ぼんやりとだが、以前から1000試合くらい指揮を執れば、ようやく何かがわかってくるかもしれないと思っていた。そして、気付けばその1000試合を超えて、自分はまだ何もわかっていないということだけは、はっきりした。残念ながら、よくわかったのはそれだけだ。

ただ、たくさん試合をやらせてもらったおかげか、この指示や采配には何か意図があるのではないかと、何となく周囲が感じてくれる雰囲気が出てきて、ハナから食ってかかられることが少なくなったように思う。変わったのは、それくらいのものだ。

監督1年目〜2012年

1年目は何もわからないまま、ただがむしゃらにやって、チームのみんなに勝たせてもらった優勝だった。

当時、ヘッドコーチだった福良淳一さんは本当に野球を知り尽くした人で、「うちは栗山みたいのを監督にするチームなんだから、とにかく監督のやりたいようにやらせてあげようよ」と考えてくれた。まだ右も左もわからない、まるでピカピカの小学1年生のような監督を、福良さんがいつもそばで支えてくれた。あのとき、もし誰かに「監督の仕事はこういうものですよ」と教えられていたら、自分ではどこか違うと思っていても、そういうものだと思い込んでいた可能性はある。それくらい何もわかっていなかった。

それでも本当に好き勝手やらせてくれたから、いまの自分がいる。これは「周りのおかげ」以外の何物でもない。

その後、バファローズの監督になられた福良さんに、ある日、こんなことを言われた。

「僕、監督を見ていて学んだこともあったんですよ。こんなに強気にいろんなことができる人もいるんだなって」

その言葉には、苦笑いするしかなかった。

何もわからないというのは恐ろしいもので、あの頃は「超」の付く「怖いもの知らず」だったのだと思う。「怖い」ということが何なのかすらわからない。だから野球をよく知っている人が見たらゾッとするようなやり方ができてしまう。それを周囲に悟られないよう、福良さんは裏でこっそり何から何までフォローしてくれた。それでいきなり優勝させてもらったのだから、こんなに幸運な男がいるだろうか。

それを思うと、最近はたしかに怖がっている自分がいる。経験を重ねてきたことによって、勝たなきゃいけないという意識が強くなり過ぎ、知らず知らずのうちに気持ちが守りに入っているのかもしれない。

昨年（2018年）、厚澤和幸ベンチコーチに「こんなことして大丈夫かな？」と何の気なしに尋ねたことがある。普通に考えたらあり得ない作戦だったからだ。そしたら、「監督、いままでご自分がどれだけ無茶なことをしてきたかわかります？」と笑われた。「それに比べれば、それくらいじゃ誰も何も思わないですよ」って。たしかに最近、ちょっと大人しくなりすぎかな、と思うことはある。まぁ、それでもほかの人に比べたら、相当めちゃくちゃなことはやっているけれど。

それにしても1年目、もしあそこで優勝できず、Bクラスに終わっていたら、それこそ何もわからないまま辞めていたはずだ。早いうちに結果が出たことによって、落ち着いていろんなことを見せてもらえたのはとても大きかった気がする。

あの年は、リーグ優勝の勢いそのままに、ホークスとのクライマックスシリーズを3連勝（優勝のアドバンテージを加え、4勝0敗）で突破し、ジャイアンツとの日本シリーズに挑んだ。結果は2勝4敗で敗れ、日本一とはならなかった。

余談だが、あの日本シリーズの第1戦、東京ドームで始球式を行ったのが、リトルリーグの世界選手権で優勝した東京北砂《きたすな》リーグの清宮幸太郎だった。その5年後、ファイターズでチームメイトとなるのだから、やはり縁とは不思議なものだ。

さて、はじめての日本シリーズを戦って、自分なりにチームに足りないもの、これから必ず必要になるであろう3つのことがはっきりと見えた気がしていた。そしてそのオフ、千葉の鎌ヶ谷にあるファームの施設で、若手選手たちにそのことを伝えた。その中には当時3年目の中島卓也、2年目の西川遥輝《はるき》、1年目の近藤健介らもいたはずだ。そこで、彼

らに伝えた3つのこととは、

一、さらに身体の強さを求めること
一、野球脳をさらにレベルアップすること
一、人間力を上げること

特に人間力を上げること、それには力を込めた。プロ野球選手としてどうあるべきかの前に、まずは人としてどうあるべきか、必ず問われることになる。人としての規範は、間違いなくプロ野球選手としての規範に通じる。そして1章で指摘したとおり、ファイターズというチームを考えたときに、プロ野球選手としての成功に欠かせないものになる。「人間力」は最も根源的で、かつ何よりも重要なテーマだ。若い選手たちには、そのことを感じてもらいたかった。

監督2年目〜2013年

2年目は、ファイターズが北海道に本拠地を移して10年目にあたる節目の年だった。そこで、移転以来初の最下位という、ファンの皆さんには本当に申し訳ない結果に終わってしまった。

1年目は何もわからないまま優勝させてもらって、2年目は何もできないまま最下位に沈んだ。何かしなければいけないともがき続け、最後まで何もできなかったという感覚だ。

そもそも、自分が監督として何かしなければいけないと考えたことが、間違いの始まりだったような気もする。いきなり優勝させてもらったことで、次の年は、はじめから勝てる前提になってしまっている自分がいた。大谷翔平という稀有な才能を迎え、その大きなプラスアルファがある今年も必ず勝てる。普通に戦えば、本当に連覇できると思っていた。でも、現実は厳しかった。

開幕から投打の歯車がまったく噛み合わず、5月には9連敗を喫し、借金は二桁にまで膨れ上がった。そういうとき、人間は弱い生き物だから、自分を楽なほうへ、楽なほうへと理由付けしてしまう。「去年勝ったんだから、今年は成長する時期だ」といった具合だ。

でも、それは逃げだ。その思考が芽生えたときには、もう勝負はついている。それがあのときの自分には、まだわかっていなかった。

ただ、わずか2年の間に、てっぺんとどん底の両方を見せてもらったことには、大きな意味があった。その受け入れがたい落差があったことで、選手には無理を言えたし、彼らもその自覚があるから聞き入れざるをえない。とことん落ち切ったその経験を、今後にどう活かすか。それがすべてだということを、改めて肌で感じさせてもらった年だった。

また、この最下位は、もう一つ別な手応えも与えてくれた。

傍から見ていると、AクラスとBクラス、特に上位のチームと最下位とでは大きな戦力の差があるように映るが、現場の感覚的には実はそうでもないということだ。全員が持てる力を発揮して、一年間、気持ちを一つにして戦うことができるかどうか、それによって順位が決まってくるのがプロ野球だ。だから、優勝チームが翌年、最下位になることもあれば、その逆もある。

監督3年目〜2014年

3年目、チームは世代交代という名の過渡期に差しかかっていた。42歳になる稲葉篤紀、39歳になる金子誠、ファイターズの象徴ともいうべき2人のベテランには、確実に引退のときが近づいており、彼らが健在なうちに、能力のある若手選手には経験を積ませておきたかった。

シーズン中、スタメンには20代前半の選手がずらりと並び、前年は332打席だった西川が637打席に、同じく272打席だった中島が461打席に立ち、ともにはじめて規定打席を突破、十分にやっていけることを証明してくれた。

そして、3位でクライマックスシリーズに進出し、この年、シーズン最多勝を挙げながら勝率わずか2厘の差に泣いたバファローズと対戦。

1勝1敗で迎えた第3戦、すでに引退を表明していた稲葉の代打同点タイムリーで追いつくと、1対1の同点で迎えた延長10回表、先頭の中田翔が値千金の決勝ホームラン、四番のひと振りで決着をつけた。

さらに、インターバルなく翌日から始まったホークスとのファイナルステージでも、中田はホームラン4本の大暴れ。しかもすべて6回以降の価値ある一発で、圧倒的な勝負強さを示してくれた。

リーグ優勝したホークスのアドバンテージ1勝分を加え、3勝3敗のタイで迎えた第6戦、最後は残念ながら力尽き、日本シリーズ進出はならなかったが、クライマックスシリーズをフルに戦い抜いた9試合は、若い選手たちにとって何物にも代えがたい貴重な経験となった。それは、引退する稲葉、金子への最高の「はなむけ」となったに違いない。

「石の上にも3年」ということわざがあるが、まだ成功したとはいえないまでも、監督を3年やらせてもらって、はじめて自分の置かれている「位置」がわかってきた。ファイターズはどういうチームで、パ・リーグの中でどういう位置にいて、その中で自分はどういうポジションにいて、何をしなければならないのか、そういったことがおぼろげながらわかってきた感覚だった。

監督4年目〜2015年

監督という仕事は、2、3年やったくらいではわからないものなのだと思う。それは自分に能力がないせいなのかもしれないが、それが正直なところだ。

監督4年目を迎える2015年の1月1日、自分との約束に「未徹在」――未だに徹せず、つまり未熟であること――の3文字を記し、いかに未熟であるかを意識し続けることを自らに課した。プロとプロがしのぎを削るこの世界、年間140試合を超える真剣勝負を繰り返していく中で、そのすべてに勝利することなどあり得ない。つねに負けから学びを得ることが次の勝利につながる。その積み重ねが優勝という結果なのだ。だからこそ、未熟さを謙虚に受け止め続けることができれば、それは必ず結実する、そう信じていた。

当時のチーム事情はというと、前年限りで稲葉と金子の2人が引退し、内野の要だった大引啓次、小谷野栄一もFA移籍でチームを去った。一方、主だったプラス材料は、3年ぶりにアメリカから復帰した田中賢介と、ドラフト1位の即戦力ルーキー・有原航平が目立つ程度。単純な足し算・引き算だけでいえば、他球団には見劣りすると、開幕前の評価は軒並み低かった。

ただ、そんな中でも優勝できると信じて臨み、その確信を抱いて最後まで戦い抜いたシーズンだった。

そして、チームは下馬評を覆し、監督就任以来最多となる79勝をマークした。でも、優勝はできなかった。

この年、ホークスは90勝という圧倒的な数字でリーグ連覇を達成。2位ファイターズは、12ゲーム差と大きく水をあけられてのフィニッシュだった。

そして、クライマックスシリーズでは、ファーストステージで3位のマリーンズに敗れ、戦いを終えた。

監督5年目〜2016年

優勝、最下位、3位、2位と、いろいろな順位を経験しながら、良いも悪いもこういう感じなんだな、というのを実感させてもらった部分は大きかった。

ただ、だんだん最後に勝ち切るイメージができなくなってきていて、勝つのはどうしようもなく難しいと感じ始めていたタイミングだった。それが2016年だ。そこで、野球の神様が勝たせてくれた。

球団新記録の15連勝をマークし、最大11・5ゲーム差をつけられていたホークスを、最後は一気に抜き去っての歴史的な大逆転優勝は、未だ色あせない記憶だ。

前の年、最多勝、最優秀防御率、勝率第1位の投手三冠を達成した大谷翔平が、満を持してのDH解除で真の二刀流をスタートさせた。

7月3日、首位ホークスとの直接対決、同一カード3連勝がかかったこの試合で「1番・ピッチャー大谷」の勝負手を打つ。すると1回表、最初の打席でいきなり初球をホームラン。投げても8回無失点という、投打ともに非の打ちどころのないパフォーマンスで、大きな流れを作った。

14連勝となったマリーンズ戦（7月10日）は、9回ツーアウトまで追い詰められながら、田中賢介が起死回生の同点ホームラン。延長12回裏、最後はレアードのサヨナラホームランが飛び出し、劇的な勝利で北海道日本ハムファイターズとしてホーム通算500勝というメモリアルを飾った。シーズン終盤、ゲーム差なしで迎えた首位ホークスとの大一番、1点リードで迎えた最終回の守り、ワンアウト2、3塁という絶体絶命のピンチを招いたが、そこでマウンドを託した谷元圭介は、続くバッターを空振り三振に仕留め、最後はセンター後方への大飛球を陽岱鋼がスーパーキャッチ、再び首位の座を奪い返した。

そして、マジック1で迎えた9月28日、先発した大谷がライオンズ打線に許したヒットは1本、与えたフォアボールは1つ、奪った三振の数は15個。見事な完封勝利で、チームを4年ぶりのパ・リーグ制覇に導いた。

さらに、クライマックスシリーズでもホークスを破り、日本シリーズではセ・リーグの覇者・カープとの激闘を制した。第3戦、あの年限りで引退したレジェンド・黒田博樹と、大谷翔平の対戦は、これからも長く語り継がれることだろう。

もしあの年に勝つことができず、4年連続で優勝を逃していたら、監督という仕事が怖くなり過ぎていたかもしれない。そんな時期に、野球の神様は何かしらのメッセージをもって、勝たせてくれたのだと思う。

監督6年目～2017年

勝てるという確信をもって臨んだシーズンは、これまでにもあった。たとえば、先に書いた２０１３年がそれだ。だが、それは「何がなんでも勝たなければならない」という感覚に近く、勝つことを計算していた状態とは少し違う。

そういう意味では、「こうなれば勝てる」という皮算用をして臨んでしまったはじめてのケースが、２０１７年だったかもしれない。

日本一を経験して、少しわかった気になってしまった。陽岱鋼や吉川光夫が抜けたとはいえ、多くの日本一メンバーが残り、村田透や大田泰示《たいし》という上積みもあった。このメンバーなら今年も勝てるんじゃないか、と。

それが、残酷なくらいにあれだけ沈む。開幕直後に6連敗、さらに10連敗もあって大きく出遅れ、そのまま一度も上位争いに加わることなく、5位で終了。借金23は6年目でワーストの記録だった。

「勝てるんじゃないか」と、ふと思った瞬間に負けなのかもしれない。このメンバーなら勝てるかもしれないと思った瞬間に負け。それがプロ野球。その当たり前のことを、改めて思い知らされた。

こうしたら負ける——6年間で思い知らされたことだ。

「去年勝ったんだから、今年は成長する時期だ」、この時点で勝てない。

「このメンバーなら勝てるかもしれない」、皮算用をしたら負け……。

そして7年目。計算の勝ち負けとは別に、「優勝できる」という確信をもって臨んだ、初めてのシーズンだった。

どういうことか。2018年シーズンのことを振り返ってみたい。

Kuriyama's review

「戦力が整いました。絶対に優勝します」

監督7年目～2018年

前の年は、十分に連続日本一も狙える戦力だったはずのチームがまったく波に乗れず、本当に苦しみ抜いたシーズンだった。

いまだから正直に言えるが、そんな状況だったことから8月を迎える頃には、すでに次のシーズンを見据えるようになっていた。もちろん毎日全力で戦うし、必死に勝ちにはいくんだけど、勝つためだったら後先のことは考えない、というようなやり方はしない。後先につながること、つまり次のシーズンにどう活かせるかを常に意識しながら戦っていた。

普通はすべての試合が終わってから、半年かけて新しいシーズンの準備をするところを、

2018年に関しては、前年から早めにスタートして、一年かけて準備したという意識があった。

だからこそ、例年にも増して、がむしゃらに優勝を狙いにいったシーズンだった。

ただ、周囲の評価は違った。

というのも、投打の柱である二刀流の大谷翔平がロサンゼルス・エンゼルスに移籍し、長年チームを支えてくれた絶対的クローザーの増井浩俊と、正捕手・大野奨太の二人が、FAの権利を行使してチームを離れたからだ。前年5位のチームが、そこから大きく戦力ダウンしたとなれば、優勝はおろかAクラスの予想すら見当たらなくても無理はない。

でも、こっちはそんなふうには思っていなかった。強がりでもなんでもなく、普通に戦えば十分にペナントレースを勝ち切れるだけの戦力はある、そう思っていた。

唯一恐れていたのは、チーム内に「翔平も抜けたし、今年は難しいかもしれない……」、そういった不安な空気が広がることだった。

毎年1月、一軍、二軍の監督、コーチ、スタッフの全員が集まる会議がある。その席で、吉村浩GMは力強く言い切った。

「今年は戦力が整いました。絶対に優勝します」

そこで思い出したのは、日本一になった2016年のキャンプのことだ。あのときも彼は、コーチ陣を前にして「絶対に優勝できます。コーチの皆さんが必ず勝たせてくれると信じています」と伝えた。そこまではっきりとした言葉を聞いたのははじめてだったので、気になってその意図を尋ねてみた。返ってきた答えはこうだった。

「同じことは毎年思っています。いつも勝てる戦力を整えて、皆さんにチームをお預けしているつもりです。ただ、それを言葉にして伝えるか伝えないかだけの話です」

つまり、今年は言葉にして伝える必要がある、そうGMは考えた。なんら見劣りすることなく、きっと優勝できるはずのチームなのに、要らぬ不安を抱えていてほしくない。

彼と考えは一緒だった。本気で優勝できると信じていた。

開幕投手にロドリゲスを起用した真意

プロ野球という世界において、開幕投手はやはり特別な意味を持つものだと感じている。時にはエースの存在を明らかにするものであり、時には期待の大きさを表すものであり、時にはシーズンを通して戦う姿勢を示すものである。

現在、ペナントレースは143試合で争われているが、なかなか143分の1と割り切ることができない、それが開幕戦であり、開幕投手なのだ。

改めて振り返ってみると、1年目が斎藤佑樹、2年目が武田勝、3年目が吉川光夫、4、5年目が大谷翔平、6年目が有原航平。毎年、本人に対する思いはもちろん、チーム全体への強いメッセージも込めて開幕のマウンドに送り出してきた。

2018年シーズン、その大切な開幕投手に新外国人のロドリゲスを指名した。

これまでの「栗山」の印象からか、外国人投手、それも新外国人に開幕を任せるというのは、あり得ないと感じた方も多かったようだ。実際、自分でもそう思う。

それを決断するに至るには、まず大きな誤算があった。当初、2年連続の開幕投手を想定していた有原が、2月のアリゾナキャンプで右肩に炎症を起こして離脱。開幕には間に合わないということが判明したのだ。

そこで、まずは明確な切り替えが必要だった。開幕投手は、誰かがそう簡単に代わりを務められるようなものではない。つまり、有原の「代役」という考えは捨てなければならないということだ。彼が間に合わないとわかった時点で、自分の気持ちの中では「開幕投手を決める」のではなく、「開幕第1戦の先発ピッチャーを決める」と切り替えていた。

これは同じことのようで、決して同じことではない。

そして、そこに上沢直之、高梨裕稔《ひろとし》、加藤貴之といった前年に先発で実績を残したピッチャーを起用しなかったのは、外国人枠をどう最大限に活かすか、という戦略的なプランが関係している。

2018年シーズン、先発候補のマルティネスとロドリゲス、クローザー候補のトンキン、野手ではクリーンアップでの活躍が期待されるアルシア、計4人の新外国人を獲得した。だが、同時に出場選手登録（一軍登録）できる外国人は4人までという規定がある。3年連続で30本塁打を打っていたレアードが確定となると、新加入のうち誰か一人を外さなくてはならない。そこで、最も現実的な案として浮上したのが、先発候補2人のいずれかを開幕戦で使い、すぐに登録を抹消して、もう一人と入れ替えるというものだ。

その時点での期待値は、来日前の実績も含め、マルティネスのほうが上だった。「では、そのマルティネスを開幕投手に」とはならないところがパズルの難しいところだ。いったん登録を抹消すると、10日間は再登録できないという規定がある。つまり開幕戦に投げさせて、即抹消という手段を取ると、必然的に次の登板までは10日以上空くことになるのだ。優勝するためには、先発ローテーションの柱になってもらわなければ困るマルティネスを、いきなりそうさせるわけにはいかない。結果、新外国人の先発候補としては2番手の評価だったロドリゲスに、開幕戦のマウンドを託すことになった。

形にこだわらず、2018年はがむしゃらに一つずつ勝ち星を拾い集めていく。そして、絶対に優勝するんだというメッセージを、開幕投手の指名によって選手たちに示した恰好だ。

周りからどう見られても関係ない。プロ野球の開幕投手とはこういうものだとか、ファイターズはこういうスタイルだとか、そんなことよりも絶対に勝たなきゃいけないということを優先した選択とも言える。

新戦力の可能性を探りながら、チームが一番勝ちやすい状態を保つためにも、それがベストだろうという判断をしたつもりだ。

「おまえが試合を決めるな。勘違いするな」

優勝を信じて臨んだ新シーズン、本拠地・札幌ドームにライオンズを迎えた開幕カードは、まさかの3連敗に終わった。これはさすがにショックだった。最悪でも1勝2敗、同一カード3連敗だけは避けなければならない、いつもそう考えながら長いシーズンを戦っているが、それをいきなり喰らってしまった恰好だ。

ただ、必ずどこかで返せるという思いもあった。

次のライオンズとの対戦は、ビジターでの2連戦。そこも含めてのトータルパッケージというイメージを持って、そこで2つ取れれば、また落ち着いて野球ができる。

約2週間後（4月17日）にやってきたリベンジの機会。その初戦、ライオンズの主催ゲームでありながら東京ドームで行われた試合は、アルシアの来日第1号を含む、3本のホームランが飛び出して、7対2で勝利した。そして、埼玉に移動しての2戦目は、5回表に均衡を破って先制すると、7回に4点、8回に3点を加え、8対0という一方的な展開となった。

「これで明日から、また落ち着いて野球ができる」

そのわずかな心のスキが、取り返しのつかない事態を招くことになる。

7回までわずか3安打に抑えていた先発の高梨裕稔から、2番手にスイッチした8回裏、突如、ライオンズの強力打線が目を覚ます。マウンドに送った3人のピッチャーがことごとく失点を重ね、最後は、この回11人目のバッターに対し、「勝利の方程式」の要である宮西尚生まで投入して、強引に3つ目のアウトをもぎ取るしかなかった。8回終了時点でスコアは8対7、あっという間に1点差まで詰め寄られていた。

そして最終回、もはや勢いを食い止めるすべはなく、屈辱の逆転サヨナラ負け。8、9回だけで8点差以上を逆転されたのは、プロ野球史上初めてのことだそうだ。

8対0からチームを勝たせることができなかったのは、まったく言い訳の余地もなく、100％監督の責任だ。とことん落ち込んだ。その夜は一睡もできず、監督を辞めなきゃいけないのではないかと真剣に考えた。ああいう試合だけは絶対にやっちゃいけない、と思っていたので。

それにしても、8回は怖い。それが9回であれば、腹をくくって試合を終わらせることだけ考えればいいが、8回だとそうはいかない。点差を詰められて、勢いに乗せた状態で最終回を迎えなければならない。これが本当に難しい。もちろん、その怖さはよくわかっているつもりだった。なのに、現実にああいうことが起こってしまう。前の日からの良い流れもあり、無意識のうちに「行ける」と思ってしまっている自分がいた。「おまえが試合を決めるな。勘違いするな」、そんなメッセージを受け取った試合だった。

「あれで決まった」は、結果論に過ぎない

この試合が象徴するように、監督7年目、2018年のペナントレースを振り返ったとき、うちがライオンズを勢い付けてしまったことは否定できないだろう。ただ、あの大逆転負けは象徴的でこそあるが、決してあれで決まったとは思っていない。なぜなら、あれはうちが浮上するきっかけにもなり得たはずだからだ。

ひっくり返された怖さを引きずって、いつまでも自分たちの野球が取り戻せなければマイナスだし、それを大きなターニングポイントにできればプラスにもなる。「こんな恥ずかしい試合は二度としない」とみんなが強く思うことで、チームが前に進むこともある。

実際、それを強く感じさせられた試合があった。5月27日、舞台は同じく、埼玉でのライオンズ戦だ。

先発の有原は立ち上がりにつかまり、初回、6点を失った。チームの士気にも影響しかねない、いきなりの大量失点だ。しかし、それが選手たちの闘志に火を着けた。原動力となったのは、きっとあの大逆転負けの消えない記憶だ。あの日は8点差をひっくり返され

た。今日はこの6点差をひっくり返して、借りを返す。

そのみんなの思いがつながり、延長戦の末、10対8で逆転勝ちを収めた。これでこのカード3連勝となり、首位ライオンズに1ゲーム差と迫る貴重な勝利だった。

もし、うちが逆転優勝していたら、「あれで決まった」と言われたかもしれない試合だ。

でも、結局、そうはならなかった。「あれで決まった」は、いつも結果論に過ぎない。

そういった勝ちや負けがプラスに働くか、マイナスに働くか、プラスにできたチームが優勝するというだけの話なのだ。

「持ち駒」をいくつ持っているか

その後は、ライオンズの背中をはっきりと視界に捉えながらの展開が続き、ゲーム差なしの2位というところまで迫ったことも数回あった。

でも、本当の勝負は、夏本番を迎える8月以降。そのために、いくつか打つ手を考えていた。その一つが、まだ使っていない先発ピッチャーの起用だ。将棋でいうところの「持ち駒」をいくつ持っているか、それはとても重要だ。

1年前にスワローズから移籍してきた杉浦稔大や、2年目の堀瑞輝といった、追撃の切り札となり得る「持ち駒」を、いつ、どこで使うか。

杉浦の起用に関しては、早い段階からかなり明確なイメージを持っていた。8月1日のマリーンズ戦、帯広出身の杉浦を、地元で先発させる。そこへ向けての準備が整い、その前に一度、7月21日の札幌ドームのホークス戦で先発させたところ、5回をノーヒットに封じる素晴らしいピッチングで、移籍後初勝利を挙げた。

しかし、さぁ、いよいよという帯広でのゲームでは、気負いが過ぎたのか、杉浦らしさは鳴りを潜め、4点を失って3回途中で降板、「故郷に錦を飾る」とはならなかった。

ただ、この試合にかける杉浦の思いは、チームメイトたちにもしっかりと伝わっていたようで、そういうときには得てして何かが起こる。6点差を追う8回裏、代打に送った先頭の杉谷拳士がホームランで勢いを付けると、そこから打線がつながり、この回一挙5得点、たちまち1点差とする。

そして9回裏、ワンアウトから3番・近藤健介のタイムリースリーベースで同点とすると、続く4番の中田翔が勝負を決める一打を放ち、劇的なサヨナラ勝ちとなった。貴重な「持ち駒」である杉浦を、地元で先発させたこの試合の重要性をみんなが理解してくれていて、その気持ちを結果に結び付けてくれた。

チームに勢いを与えるこの勝利から、移動日を挟んで、首位ライオンズとの直接対決。絶好のタイミングで巡ってきた大きなチャンスといえた。

一つのプレーで勝負が決まることはない

勝負の8月、最初の首位攻防戦は、最高のムードで迎えることができた。そこで、のちのち優勝できなかった一因と指摘されるプレーが出た。

その初戦、先制された直後の4回表、レアードのツーランホームランですぐさま逆転に成功すると、キャッチャー・清水優心《ゆうし》のタイムリーでさらに1点を追加、3対1とリードを広げた。

先発の上沢直之は、7回裏、連打を許し、ノーアウト1、3塁とされたところで、2番手の宮西にマウンドを譲った。

1点は仕方がないこの場面、9番・栗山巧の犠牲フライまでは良かったが、その後、フォアボールとヒットで満塁とされたのはやや想定外だった。しかし、そこは百戦錬磨の宮西、続く3番・浅村栄斗《ひでと》をショートゴロに打ち取り、ダブルプレーで大ピンチを切り抜けた……かと思われたが、この回から守備固めでセカンドに入っていた石井一成がまさかの悪送球。2人のランナーが生還し、それが決勝点となった。

確かにあれは、絶対にミスしてはいけないプレーだったかもしれない。でも、「あのエラーで負けた」というのは断じて違う。そんな、たった一つのプレーで勝負が決まってしまうほど野球は単純なものではない。なのに、いつもそういったプレーがクローズアップされてしまうのは、やっているほうも、観ているほうも、何かの理由付けをしたくなるからだろう。いかにもそれらしい理由付けがされた結果、まるでそのプレーが敗因であるかのように伝わってしまう。そんなことで勝負が決まってたまるか、というのが正直な思いだ。

野球はトータルでやるもの。本当の敗因は、いつもたくさんの要因が複雑に絡み合ったものでしかなく、そこにあるのは、我々が勝ち切れなかったという事実だけだ。

そして石井は、必ずや今後の野球人生の糧となる、貴重な経験をした。繰り返しになるが、野球選手として成長するためには、人として成長することが大切で、そのためには苦しむことが必要だ。そこは避けて通ることができない。忘れたくても決して忘れることのできないあのシーンが、彼が次のステップを踏み出すきっかけになることを信じている。

いつか起こるはずだったものが、そこで起きた

8月頭のライオンズとの3連戦を1勝2敗と負け越すと、そこからじわじわとゲーム差を広げられ、2週間後、5・5ゲーム差で再び直接対決に臨んだ。

「持ち駒」の一人、2年目の堀を先発に立てた初戦は、1点ビハインドの7回表、打線がライオンズのエース・菊池雄星を捉え、逆転に成功、大事な初戦を取った。

しかし、翌日の2戦目、2点リードの8回裏、3番手のトンキンがつかまり逆転負け。続く3戦目は、またしても2点リードの7回裏、先発のマルティネスがピンチを招き、1点を失うと、2番手の公文克彦が浅村に満塁ホームランを浴び、勝負あり。ここでも1勝2敗と負け越し、さらにゲーム差を広げられる結果となってしまった。

長いペナントレース、その最も大事な局面の一つで、2日続けて勝ちパターンの試合を落とした。ある意味、それがこのシーズンの戦いを象徴していたといえるかもしれない。

まずは勝ちパターンに持ち込み、そこから自慢の中継ぎ陣をつないでいって、守って勝

ち切るのがファイターズのスタイルだった。それが2018年は、実績のある中継ぎは宮西だけというブルペン陣でシーズンに臨んでいた。それでも優勝を狙える位置にいられたのは、計算できないながらも若いピッチャーたちが必死に頑張ってくれて、みんなで何とか乗り切ることができたからだ。一つひとつ、それこそ死に物狂いでしのいできた。

それでもやっぱりどこかでああいうことは起こる。それがあそこで起こってしまった。中継ぎでやられたあの2試合は、昨年（2018年）のチームが根本的に最も成長しなければならなかった部分が、そうなるべくして露呈してしまった結果と言える。

浦野博司にクローザーを託した理由

不安があったのは、中継ぎ陣だけではない。長年、守護神として君臨してきた増井浩俊がチームを去った2018年は、シーズンを通して抑えを固定することができなかった。

そんな中、新クローザー候補として経験を積んでいた3年目の石川直也が、右内転筋の肉離れで7月25日に登録抹消。その役割を託したのが29歳の浦野博司だった。

大学、社会人を経てプロ入りした浦野は、ルーキーイヤーにいきなり7勝を挙げる活躍を見せたが、2年目に右肩を痛め、3年目はシーズンを棒に振った。血行障害により肩の骨が壊死するという、極めて特殊な症例だった。一時は、もう二度とボールを投げられなくなるかもしれないというところまで追いつめられたが、つらいリハビリを乗り越え、2017年には695日ぶりの勝利を挙げた。

その浦野にクローザーを任せてみようと思ったのは、ピッチャーとしての能力の高さや、フォークボールで三振が取れるという適性だけが理由ではない。クローザーは投げるところが決まっているので、その点、いつ出番がくるかわからないセットアッパーと比べれば準備はしやすい。また、投げるのは（例外を除き）1イニングと決まっているし、シチュエーションも毎回1点差というわけではないので、意外と楽な面もあるという見方もできる。だが、そうはいっても、やはり勝ち試合を締めくくることの精神的なプレッシャーは、計り知れないほど大きい。そもそも、本来の力を出すことが難しい。そんな役割だからこそ、たくさんの苦労をしてきた浦野の経験が活きると考えた。

そしてもう一つ、彼はチームの誰からも愛されている。みんな浦野のことが大好きだ。そういったこともチームにプラスアルファを与えてくれるのではないかと期待していた。

その起用は成功だったのか、それとも失敗だったのか。それからわずか一カ月足らずでクローザーの役目を終えたその結果だけを見れば、失敗と映るかもしれない。

8月22日、東京ドームでのホークス戦。1点リードで9回のマウンドに上がった浦野は2本のツーランホームランを浴びて4失点、チームは痛恨の逆転負けを喫した。最大7ゲーム差をつけていたホークスに2位の座を明け渡したのは、その翌日のことだ。

結局、浦野は7つのセーブを記録したのち、またセットアッパーの役割に戻った。しかし、その経験から得たものも少なくない。何より先発、中継ぎ、抑え、あらゆるシチュエーションでの投球内容をつぶさに確認できたことで、彼の能力が最大限に発揮される起用法を、より具体的にイメージすることができたのは大きな収穫だった。やはり野球の神様は、苦労を重ねてきた浦野の姿をしっかりと見ていてくれたのだ。

そして、トータル的なクローザーの資質のようなものを、改めて考えるきっかけを作ってくれ、それを再認識させてくれたことも大きかった。故障から復帰した若い石川直也を、再び抑えのマウンドに送り出し、彼が真のクローザーへの第一歩を踏み出すことができたのも、そのおかげといえるかもしれない。

失敗で重要なのは何を失ったかではない、そこから何を得たかだ。

上原健太の一言「ここは僕の場所じゃない」

失敗から何を得たかでいえば、もう一つ、考えさせせらせる出来事があった。8、9回で8点差をひっくり返され、歴史的な逆転負けを喫した4月18日のライオンズ戦、好投していた先発の高梨に代わって、2番手として登板したのは、ドラフト1位で入団した3年目のサウスポー、上原健太だった。

8回裏のマウンドに上がると、いきなり連打を浴び、ワンアウト1、3塁とされたところで3番手の田中豊樹に交代。点差を考えると、普通ならもう少し引っ張ってもよさそうなところだが、あの日の上原はどうにも居心地が悪そうに見えた。というより、そう見えたのは、こちらの心の問題だったのかもしれない。

ピッチャーには、先発として長いイニングを投げて試合を作ることができるタイプと、中継ぎや抑えなど、短いイニングでこそ力を発揮するタイプがいる。上原は先発候補の一人だが、2018年は中継ぎで起用しながら、どちらのタイプなのか適性をうかがっていた。そして、その評価はまだ定まっていなかった。「やっぱり上原は先発向きなのかな……」、そんなことを考えながら、もう一度だけ様子を見てみようと、あそこでマウンドに送った。結果、どこかあいまいな、意図が明確でない投手起用が、あの逆転劇を引き起こしてしまったのかもしれない。

数日後、いまの役割についてどう感じているか、本人に尋ねてみると、

「ここは僕の場所じゃない気がします」

と、素直な答えが返ってきた。

そこで、彼にはその場で二軍行きを告げた。

「もちろん一軍にいたいと思うけど、もう一回ファームに行って、何回か先発をやってこい。そしたら、必ずまたチャンスを用意するから。これでダメだったら、クビになると思ってやってこい」

そう伝えたら、上原はとても清々しい顔をしていた。普通はたとえどんな役割であれ、一軍にいたがるものだが、彼は違っていた。

「僕もそう思います。いまの自分は自分じゃない気がします」と。

その後、二軍で2度ほど先発したあと、自分にしては珍しく、選手本人に直接電話をして、会話をした。それは何か具体的なことを伝えたかったわけではなく、ただいつもちゃ

んと見ているぞというメッセージを送りたかっただけだ。

約一カ月後、一軍に戻ってきた上原は、その後、先発の一員に加わり、シーズンが終わってみれば4勝0敗という成績を残していた。まだ登板数も多くはなく、この先どうなるかはわからないが、あの歴史的な逆転負けが一人の選手に分岐点をもたらしてくれたことは間違いない。

ああいう試合は、そういった誰かの才能を引き出すきっかけにもなる。行く道が見えづらかった者にとって、それが見えるきっかけとなり、あとはそれをどう活かすかということしかない。

監督が勝負に負けた

2018年シーズンのライオンズは左ピッチャーを苦手にしている、というデータがあり、それは現場の印象とも一致していた。

9月半ばの首位攻防3連戦、3・5ゲーム差の2位につけるホークスは、2戦目に大竹耕太郎、3戦目にミランダと、サウスポーを先発に立て、ライオンズに立ち向かった。

その次の日、うちもやはり左の加藤貴之を、さらに翌日も同じく左の堀をぶつけた。

結果、4日連続で左腕の先発ピッチャーと対戦することになったライオンズは、ものの見事に、その4人すべてを打ち崩し、優勝を決定付けた。それはシーズンを通して打ち続け、ことごとく打ち勝ってきた彼らの戦いぶりを、凝縮したかのような迫力だった。

振り返ってみれば、6月から7月にかけて、ライオンズには何度もゲーム差なしというところまで詰め寄りながら、上に立つことは一度もなかった。いざ上に立ってしまうと、それをキープするのは精神的にすごくきついという経験的なものもあり、勝負どころがくるまではそれでいい、団子状態のままついていけば、必ずチャンスはやってくると思って、日々を戦っていた。連勝すれば一気に越えられるという位置を保ち、あとはその大きな流れが来るのを待つ。だが、2018年は最後までその流れが来なかった……。

でも、はたして本当にそうなのだろうか。

本当は一度でも上に立たなければいけなかったのではないか。一度でも上に立っていれば、またいつ追い抜かれるかわからないという無言のプレッシャーをかけ続けることができたのではないか。そのためにも、もっと競い合える位置にいなければならなかったのかもしれない。

日本一になった2016年は、打つ手打つ手が面白いようにはまった。

それと比べ、昨年（2018年）はあまり手を打っていないような印象を持たれるかもしれないけれど、実はものすごく手は打っている。自分としては、もうこれ以上打つ手が思い浮かばないというくらいに打っている。でも、それが全然はまらなかったから、記録にも記憶にも残らなかっただけ。打つ手が違ったのか、それとも打つタイミングが違ったのか……。

いずれにしても、勝負するための「持ち駒」は持っていて、しっかりと準備もできていて、勝負どころと踏んだまさしくそのタイミングで投入した。それでもやられた。

この結果こそ「監督が勝負に負けた」というほか、表現が見当たらない。

監督の力不足で負けるというのは、こういうことなのだと、痛感させられた一年だった。

プロ野球のチームに大きな戦力差はない。なのに……

そういえば、こんなエピソードもあった。

記録的な猛暑が続き、疲労もピークに達し始めていた頃、聞くところによると、ライオンズの選手たちは「もっと暑くなれ」と思いながら戦っていたという。「暑くなれば、ファイターズは必ずへばるから」というのが、その理由だったらしい。

「もっと暑くなれば相手はへばる」と思ってやっているのと、「どうしてこんな暑い中で野球をやらなきゃいけないのか」と思ってやっているのでは、おのずと出力が違ってくる。要するに、そういった違いでしかないような気もするのだ。

そもそも、プロ野球のチームに、それほど大きな戦力の差があるとは思えない。実力を１００％出すだけでは勝たせてもらえない。１２０％出せたチームが優勝して、80％しか出せなかったチームが下位に沈む。実は、ただそれだけの話なのではないか、そう思うことがある。

だから、プロ野球は勝ったり負けたりする。だから、プロ野球は難しいし、面白い。

優勝の望みを絶たれたあと奇襲が必要になる

勝ち負けの重みがチームと選手を強くする

優勝の望みを絶たれ、クライマックスシリーズへ向かおうとするとき、そこへの持って行き方には特有の難しさがある。

まず、昨年（2018年）のように3位と4位の差がある程度開いていても、いざ決定するまでは下位のチームの存在がずっと怖い。もしここからマリーンズが全勝して、うちが全敗して、ひっくり返されたらどうしようとか、ネガティブな考えばかりが浮かんでくる。普通に考えたらもう絶対に大丈夫なゲーム差なんだけど、なかなか怖さを拭い去ることができない自分がいる。

でも、そればかり考えていたら何もできないので、クライマックスシリーズを見据えた選手の使い方もしていかなければならない。それをするのが監督の仕事だ。

そしてもう一つの難しさは、決まるまではずっと怖いのに、だからといって早く決まればいいというものでもないところだ。早く決まってしまうと、残り試合にはいわゆる消化ゲーム的な空気感がどうしても出てしまいがちだ。これがチームにとっても、選手にとっても一番身にならない。いつだって一勝は一勝、一敗は一敗、それは同じはずなんだけど、やはり状況によって勝ち負けの重みは変わってくる。それが重たければ重たいほど、そこでの経験はチームを強くしてくれるし、選手をうまくしてくれる。

だから、どれだけひりひりするようなゲームを戦えるかはとても重要で、そのためにはクライマックスシリーズ進出も、できればあまり早く決まらないほうがいい。ギリギリまで、本当に最後までわからないというところまでもつれ込んで、最後の最後に勝ち切ってクライマックスシリーズに行く、それがベストだ。

もしそうなったら、監督にとってはそれこそクビをかけなきゃいけない状況だが、長い目で見るとチームにとってはそのほうがいいのかもしれないと思う。選手たちのためになるんだったら、一試合でも多くそういうゲームを経験したほうがいいのは間違いないのだから。

優勝チームへのリスペクトをもって「しでかす」

クライマックスシリーズというシステムにおいて、そこに臨む下位チームは失うものがないから怖いと言われる。

たしかにその通りだ。下位チームにとってのクライマックスシリーズは、ある意味、敗者復活戦だ。優勝を逃して、ものすごく悔しい思いをしてきて、なのにまだチャンスがもらえる。

そこで「このまま終われるか！」と思えなければウソだ。

もちろん、優勝チームが日本シリーズに出て、日本一を争うべきだという考えた方はあるが、いざ出場するからには、それとは別問題と割り切って、違う勝負をすべきだ。優勝チームには最大限の敬意を払い、これから始まる戦いの結果をすべて受け止める覚悟をもって試合に臨む。それがなければ何も始まらない。

また、優勝チームへのリスペクトがあるからこそ、下位チームは絶対に勝つための勝負を挑まなければならない。シーズン同様の戦い方では勝てないのだとすれば、別の戦い方を模索する必要がある。

へたなプライドは捨て、どんな奇策に出てもいいし、どんな大博打を打ってもいいから、ここはしでかしてやるという気持ちで戦ったほうがきっと面白い試合になる。野球の面白さを伝えることこそ、クライマックスシリーズの意義であり、出場権をもらった下位チームの最低限の責任だと思う。

力関係で最も勝ちやすい形を決める

クライマックスシリーズのファーストステージは、福岡でのホークスとの対戦となった。

2018年のホークスとの直接対決には不思議な流れがあり、交流戦明けからうちが7連勝すると、勝ち負けを一つずつ挟んで、そこからはホークスの7連勝でシーズンを終えた。対戦成績は13勝12敗と一つ勝ち越してはいるのだが、負け続けた終盤のイメージが強すぎて、そんな感じはしなかった。

そんなホークスとの、現在の力関係をどう考えるか。もし、うちが五分五分以上に力があると思えるならば、自分たちの力を発揮しやすい形を作ることが、最も勝ちやすいということになる。ただ、少し分の悪い四分六分だったら、相手がどんな形でくるのかを真剣に考えなければならないし、それが三分七分だったら、もっと相手が嫌がることをやるしかない。すなわちそれは、自分たちの力を出し切っても、勝つ確率は低いということだから。相手がどう感じるかは、決断にかなり大きく影響してくる。

野村克也さんも、かつてこう言っていた。

「奇襲は、普通に戦っていたら勝てないから奇襲なんだ」

2018年の場合、やはり7連敗でシーズンを終えたことは、それなりに重く捉えざるを得なく、どういう形で臨めば相手が一番嫌がるかを相当頭に入れて、クライマックスシリーズの準備を進めることになった。実際、終盤のホークスは、いったいどこに弱点があるんだと思うくらい強かった。

でも、知らない相手と戦うわけではない。向こうの戦力はわかっているんだから、とにかくできる限りのことを考えて、できる限りのことをやるだけだ。

個々の思いの足し算だけは、絶対に負けない。

そして、もう一つ重要なのは、このファーストステージは先に2勝したほうが勝ち抜けという超短期決戦だということだ。

長いペナントレースは、仮に今日負けても、その負けを明日に活かすことができる。極端にいえば3連敗したって、次に3連勝すればいいという考え方もできる。

そこが2戦先勝の超短期決戦はまったく異なる。本当にたった一つのプレーで大きく流れが変わったりもする、正直、難しさしか感じない。だからこそ、一つだけやらなければいけないのは、たとえどういう展開になろうが、勝敗が決するその瞬間まで、全員が「勝つ」という強い思いを持ち続けることだ。

さらに、2018年は特別な思いもあった。

9月6日に北海道胆振《いぶり》東部地震が発生、道内各地に甚大な被害をもたらした。ほかにも台風など様々な災害が、北海道に住む多くの人たちを苦しめてきた。そんな大変な思いをされている皆さんに、ほんの少しでも勇気や元気を届けられるよう、必ずやクライマックスシリーズを突破して、日本シリーズで北海道に帰ってくる。

やはり個々の思いの足し算だけは、絶対に負けない。最後はそこの勝負になると信じて、全力を尽くして戦うだけだ。

つねに、その日一番勝ちやすいことを考える

10月13日、クライマックスシリーズ・ファーストステージ第1戦。ファイターズのスターティングメンバーを見て、少し驚かれた方もいたかもしれない。サプライズがあったからではない。むしろ、その逆だ。いたってオーソドックスな、シーズン終盤を戦ってきたそのままのメンバーだったからだ。

1番　西川遥輝　センター
2番　大田泰示　ライト
3番　近藤健介　レフト
4番　中田　翔　ファースト
5番　アルシア　DH
6番　渡邉　諒　セカンド
7番　横尾俊建　サード

8番　清水優心　キャッチャー
9番　中島卓也　ショート

超短期決戦は、普通に戦うべきではない。自分たちの力を発揮しやすい形よりも、どれだけ相手の嫌がることができるか。そんなふうに公言していながら、どうして一見「普通」のスタメンになったのか。

シーズン中、こうやって戦ってきたんだから、それで負けたらしょうがない、という発想はこれっぽっちもなかった。もしそうだとしたら、それは言い訳に感じてしまう。

つねに、その日一番勝ちやすいことを考えるのが最も大事なこと。つまり、この日こうなったのは、勝つ確率が一番高いのはこれだという結論になったから。それが、たまたまシーズン中のオーダーと一致していただけの話だ。

具体的には、こんなことを考えていた。

ホークスの先発・ミランダは、左腕でありながら、左バッターよりも右バッターをよく抑えている珍しい傾向のあるピッチャーだ。その相性を踏まえると、1番に西川、2番に近藤と左バッターを並べる考え方もあった。

ただ、それよりも最後は「テラス席勝負」かな、と考えた。こういった試合は1点勝負の接戦になることが多く、では、いったいどうやって1点をもぎ取るかとなったとき、やはりホームランの威力は計り知れない。特にヤフオクドームは、ホームランテラス席が設置されて以来、そこで生まれる得点が確実に増えていた。ミランダのストレートか、あるいはチェンジアップを誰かがうまく引っ掛けて、テラス席まで運ぶ。得点を挙げるには、その確率が一番高いと踏んだ。

そうすると2番にはやはり大田がいたほうがいい。ピッチャーのタイプは関係なく、テラス席勝負と読むなら、大田のボールを遠くへ飛ばす能力は魅力だ。

レアードがいてくれたら状況は少し違っていた。真ん中にホームランバッターを並べられるのであれば、前後はピッチャーとの相性で考えることもできる。でも、そのレアードが左脇腹を痛め、戦列を離れていたあの状況では、ここからスタートするのがベストに思われた。

上沢直之が「悔い」を残さないために必要なこと

先述の通り、たしかに「テラス席勝負」という考え方からオーソドックスなオーダーになったのだが、それ以前に、初戦は先発の上沢にかけた試合だった。誰かのホームランで2点を取って、上沢がホークス打線を1点に抑える。2対1で勝ち切るイメージだ。

試合は1回表、ツーアウトから3番・近藤が左中間に高々と打ち上げ、これがテラス席に飛び込む先制ホームラン。まさに狙い通りのスタートとなった。

そしてその裏、上沢の立ち上がり、1番の上林誠知が初球にいきなりセーフティバントを試みる。その揺さぶりを、上沢は明らかに嫌がっていた。そこから簡単にツーストライクと追い込んだが、3球目、打ち取ったはずの当たりが、レフトの前にポトリと落ちる。この打球の処理を近藤がもたつく間に、打った上林はやすやすとセカンドに進塁、ツーベースとした。このとき、マウンド上の上沢はいったいどんな心境だったのか。打球が落ちた場所のアンラッキーをなげく気持ちか、それともツーストライクから勝負を急いでしまったことを後悔したか。

「いまのはしょうがない。まだ1回なんだし、0対0だと思って1点はOK」

もしそんなふうに割り切れたなら、次のバッターへの内容も違っていたかもしれない。2番・明石健志に対してはストライクが入らず、ストレートのフォアボール。先頭の上林を塁に出してしまったことを引きずっているのは容易に想像ができた。

続く3番の中村晃も完全に打ち取っていたが、一塁線上で打球が止まるアンラッキーこの上ない内野安打でノーアウト満塁。

そして、4番・柳田悠岐にライト前タイムリーを許すと、5番・デスパイネにはライトスタンドまで運ばれ、まさかの満塁ホームラン。あっという間に5点を失った。

この初回の上沢のピッチングを「不用意だった」と人は言うけど、そうは思わない。ツーストライクから、まだ3球ボールを使える場面で勝負に行って、先頭バッターにツーベースを許してしまった。それを「もったいなかった」と悔やむのは普通の気持ちだ。誰だって抱くだろうし、後悔の念はしばらく残ってしまうだろう。

それをカバーするためには、野球選手である前に、人として成長することが必須となる。そのために何かしてあげられることがあるとすれば、それを促すこと。人間的にもっともっと大人になっていけば、そういった感情のコントロールの仕方も変わっていくんじゃないのかと思っている。

上沢にかけた大事な初戦は、残念ながらものにすることはできなかった。でも、それは先に一つ取られたというだけであり、それ以上でも、それ以下でもない。

それよりも貴重な経験をした上沢が、そこで大きな財産を得てくれたとすれば、それは本当に良かったと思う。真のエースになるために、良いステップを踏んでくれたと信じている。

主導権を握るために、西川遥輝が挑んだ困難

2018年の西川遥輝は膝の状態があまり思わしくなく、それが走塁や打撃にも影響を与え、苦しみまくったシーズンだった。ただ、終盤になってようやく体調が整い始め、最後は存分に走りまくってくれた。

クライマックスシリーズでは必ずキーマンになる、そう感じ、初戦の前にわざわざ呼んで「頼むよ」と一言だけ伝えた。その言葉に込めたメッセージを、西川はきっと十分すぎるほど感じてくれていた。超短期決戦の主導権を引き寄せるため、塁に出ると、たとえど

れほど走るのが困難なバッテリーだったとしても、積極果敢に勝負を仕掛けてくれた。

初戦を落とし、早くもあとのない第2戦。先頭の西川は、あっさりツーストライクと追い込まれながら、そこから粘ってフォアボールを選ぶ。千賀《せんが》滉大《こうだい》・甲斐拓也のホークスバッテリーはさすがに警戒し、一塁への牽制球を続けた。そして、ようやく投じた2番・大田への初球、スタートを切った西川は直後に引き返したが、甲斐が落ち着いて一塁へ送球、タッチアウトとなった。

初回、先頭バッターが塁に出て、すぐにアウトになってしまったのはたしかに痛い。でも、それ以上に彼の必死さがチームに伝わったことをポジティブに受け止めていた。負けたら終わりの一戦だけに、どうしてもみんなが慎重になりがちなところ、自ら突破口を開こうと、厳重な警戒をかいくぐるように、初球からいきなり仕掛けた。ここで完全に主導権を握ってしまおうという、強い気持ちの表れだった。

ベンチに戻ってきた彼の口から、「すみませんでした」という言葉がこぼれた。いつもは黙っていて、結果で返すというタイプの選手なので、あのひと言にはしびれた。大きな声ではなかったが、ほかにもその声を耳にした選手はベンチの中にいたはずだ。みんなが、西川の背負わんとしているものの大きさを感じてくれたシーンでもあった。だから、それでいいと思った。

こっちが何をしたいのか、みんなわかっている。いま、北海道のためにどういう姿を見せなければいけないのか、それをわかっている。そんな思いでプレーしていれば、自分も必ず成長できる。高い技術でしのぎを削るプロの世界だって、最後は必死さとか一所懸命さとか、そういうことでしかないのだ。

ちなみに西川は、次の第3戦でも初回に盗塁を試み、アウトになったが、6回、再び先頭で出塁すると、またしてもスタートを切って見事に盗塁を決めてみせた。特筆すべきはそのハートの強さ。相手と勝負する前に、まずは自分との勝負に勝つ。ここで走れない自分は自分じゃない、ということを本人が一番よく知っている。

同点痛打のマルティネス続投が成功と思える理由

あとのない第2戦は、2対2の同点で迎えた8回表、ツーアウトランナーなしから西川、大田、近藤の3者連続ツーベースで2点を奪い、星を1勝1敗の五分に戻した。

あの胸のすくような得点シーン、監督である自分はどんなことを考えていたのか。実は、前の回の守りのことを思い返していた。

7回裏、それまで1失点の力投を続けてきた先発のマルティネスは、ツーアウト3塁というピンチを招き、前の打席にヒットを打っている8番の高田知季を迎えていた。

球数はまもなく100球というところで、ベンチは動きたくなる場面だ。でも、あえて続投を選択した。ここで左ピッチャーにスイッチすれば、右バッターが出てくるのはわかっているし、今日のマルティネスなら絶対に乗り切れると信じていた。動くのは簡単だけど、動かないほうがいい場面だってある。

ベンチは、とかく動きたくなるものだ。リードしていると、早め早めにフレッシュなピッチャーを投入したくなる。

でも、代えることだけが動くことではない。これは日本一になった2016年に学んだことだ。動かないことが、思い切り動くことになる場合もある。大事な試合ほど、最後はこっちは動かず、選手を信じ切る。そうやって任せ切ってしまったほうが、結果が出ることもある。

その結果はどうだったか。マルティネスは101球目をレフト前に弾き返され、2対2の同点に追いつかれた。

チームのみんなにごめんなさい、という思いはあった。ただ、決して言い訳ではなく、それでも続投は間違っていなかったと思えて仕方がなかった。極端なたとえかもしれないが、あそこでスイッチしていたらホームランを打たれて逆転されていたかもしれない。つまり、スイッチしていたらうまくいったのか、それは誰にもわからないのだ。正解は存在しない。

そして、次の回だ。

ツーアウトから、上位に回った打線が見事につながり、再び勝ち越しに成功。そのとき頭に浮かんだのが、「やっぱりマルティネスの続投は間違っていなかったんだ」ということだった。

得点が入ると、そのシーンばかりに目を奪われがちだが、そこに到るプロセスにおいて手の打ち方を間違えると、そこには到らないのが野球だと思っている。

だからあの場面、「おまえ、さっきは我慢して良かったんだよ」と言われているような気がして、勝ち越した喜びよりも、素直にホッとしていた。もちろん、それだってどっちが正解かなんて誰にもわからないのだけれど。

どうして迷っているのか。情か確率か?

1勝1敗で迎えた第3戦は、ホークスの強力打線に5本のソロホームランを浴び、劣勢に立たされていた。

3点を追う7回表、この回先頭の6番・横尾がヒットで出塁すると、7番・鶴岡も続いてヒットを放ち、ノーアウト1、2塁、チャンスを広げる。そこから左バッターが続く打線に対し、ホークスベンチは左キラーの嘉弥真《かやま》新也を投入。その嘉弥真の前に、田中賢介が空振り三振に倒れ、まずはワンアウトを奪われる。

そして、次は9番の中島というところで、代打に右打席で勝負できるスイッチヒッターの杉谷拳士を送った。前の打席の中島は、ツーアウト1、2塁という場面で、粘りに粘った末の11球目に痛烈な打球を放っていた。ファーストゴロに倒れはしたものの、実に内容の濃い打席だった。それを評価すれば、左対左の不利を差し引いても、そのまま行かせるという選択肢もあったのかもしれない。ただ、それでは何のためにたくさんの選手がベンチにいるのか。

もちろんデータは重要だし、個々の状態も判断しなくてはいけないが、そのデータや状態プラス、ここは強引に流れを変えないと何も起こらない、そう感じるときもある。このまま同じメンバーで行ったら、ずっと同じ流れが続いてしまう。それを断ち切るために、あえて人を代える。人を代えることで、みんなに全員で戦うよ、流れを変えに行くよ、ここからもう一回行くよ、そういった様々なメッセージを送ることもできる。

名将・三原脩さんは「情3割、実力7割」という言葉を遺している。決断に迷いはつきものだが、そこでどうして迷っているのか、それは心情的、感情的なものなのか、それとも勝つ確率を上げるためのデータ的なものなのか。そういったことを加味して、決断する。

そして大事な場面で代打を送ることは、自分なりの誠意でもある。たとえ代えられた選手に恨まれようとも、勝つ確率を上げるためにやり尽くすことが選手に対する誠意だと。

それにしてもあの場面、1年間、選手会長としてチームを引っ張ってきた中島の心中は、おそらく穏やかではなかったはずだ。個人的な思いだけでいえば、あれほど信頼している中島を代えるなんてしたくなかった。でも、信頼しているからこそ代えられるということもある。単なる確率論ではないというその意図を、彼なら少しは感じてくれると思えるから。

結果、代打の杉谷はキャッチャーへのファールフライに倒れ、そのチャンスを活かすことはできなかった。

そして、5対2のまま試合終了。2018年の日本一への挑戦は終わった。

chapter.4

第4章

指揮官の責任

～なぜ、自分のせいだと思うのか～

うまくいかないとき、なぜいつも「こっちの責任」と言うのか？

コーチは選手に「教える」べきか？

監督1年目、外野守備走塁コーチとしてチームを支えてくれた清水雅治《まさじ》コーチの言葉が忘れられない。

「コーチは自分がやりたいことをやるんじゃない。監督がやりたいことを実現させるのがコーチの仕事だ」

直接ではなかったが、それを伝え聞いたときには、身の引き締まる思いがした。

それ以降も、たくさんのコーチのお世話になってきたが、感謝とともに、その仕事についていろいろなことを考えさせられてきた。

コーチの仕事に対してできあがりつつある一つのイメージは「技術屋さん」。技術のプロフェッショナルであるコーチには、選手と一緒により高い技術を求め、一緒に探していってほしい。どうして打てないんだろう？　もっといいアプローチがあるんじゃないか？　こうしたらいいんじゃないか？　ああしたらいいんじゃないか？　そうやって、できるだけたくさんの選択肢を提示してもらって、あとは選手に選んでもらう、それが理想だ。

もちろん監督もその手伝いはするし、コーチと技術的なことを話したりもするが、こっちにできるのは、メンタル面のケアだったり、それを引き出すための起用だったりする。そこは明確に分けて、役割分担をしているつもりだ。

さて、そこで、もっと根本的な考え方として、コーチは選手に「教える」べきか否か、という点だ。

広岡達朗さんは、「教えるべきだ」と言う。

落合博満さんは、「教えるのではなく、一緒に見つけることだ」と言っている。

これは、どちらの考え方にも賛同できる。

広岡さんは、球史に残る名ショートだ。守りは、たしかに教わるとうまくなる。本当にうまい人に教わりながら、徹底的に数をこなしていくと成果が現れるケースが多い。考えてみると、9割8分は成功するのが守備。ということは、論理的に正しい形があると考えたほうが筋は通りやすい。

一方、打つほうは、教わるとかえって打てなくなることがある。打ち方が理にかなったものに近づいたことで、無駄な間がなくなって、タイミングがずれたりする。だから落合さんは、「正しいことを教えるんじゃなくて、一緒に見つけることだ」と言っている。さすがだな、と思う。

確率で言えば、守備と違って4割打てるバッターはまずいない。ほぼ確実に6割以上は失敗するということだ。ということは、絶対的に正しい論理など存在しないのではないか、そう考えたくなってしまう。

あのホークスの柳田だって、理想的な打ち方をしているかと言えば、決してそんなことはない。タイミングを取って、ただ遠くに飛ばしたいと思って思いっ切り振っていたら、自然とバットの軌道が良くなっていた、そんな印象を受ける。それでいいんだと思う。

では、監督は？　そもそも、監督とは何なのか。チームの指揮を執るというのは、いったいどういうことなのか。7年経験させてもらって、いま感じていることを改めて書き留めてみた。

指揮官の責任とは

本で読んだ言葉だったと思う。

「3日間、誰も自分の文句を言わなかったら気を付けたほうがいい」と。

どんな仕事でも、学校でもそうだと思うが、イヤなこともあるし、苦しむこともあるし、嫌われることもある。でも、そんなふうに考えると、少し気が楽になる。イヤな話を聞いても、逆にホッとするというか、「まだ俺、大丈夫かもしれない」みたいに思えてくる。

そう考えておかないと、人間は弱い生き物だから、嫌われるのがイヤで媚び始めたりする。そうすると、肝心なところを見誤ったり、間違ったりする。

監督という仕事をやらせてもらっていて、「嫌われることも絶対にプラスになる。いつかわかってもらえるときがくればいい」という肚《はら》の据わりは、つくづく大事なものだといういう実感がある。

組織のトップは、責任を取るのが仕事だと言われる。

もちろん監督は、チームが勝てなければ、クビになってもしょうがない。それが一番勝ちやすい方法だと信じてやった結果、それでも勝てなかったのであれば、納得して受け入れるだけだ。その経験が少しでもチームの、そして選手の糧になれればいい。

ただ一方で、はたして監督がクビになることで、責任を取ることになるのだろうか？という思いもある。

自分が辞めたくらいで、きっと責任は取れない。取れるわけがない。

でも、もし自分が進退をかけることで、選手のためになれることがあるんだったら、そんなに幸せなことはない。それで充分だ。

本当に考え方次第なのだと思う。世の中にこんなに大勢の人がいて、こんなにたくさん野球をやっている人たちがいて、そんな中で、勝ち負けの責任が自分にある場面で野球ができるなんて、そんなに嬉しいこと、そんなに喜ばしいことはない。

だから、そんなことでへこたれている場合じゃないのだ。「今度は必ずやってやる」と思えば、また頑張れるし。

責任は「取る」ものではなく「果たす」もの。

「果たす」ことが、指揮官の責任だ。

敗因を作っているのは監督である

「こっちの責任」という言葉を口ぐせのように使ってしまうのは、もし別の選択をしていれば結果は違っていたかもしれない、という思いが常にあるからだ。

実際、チャンスでヒットが出なくても、なんで打てないんだと考えることはない。バントを失敗してランナーを送ることができなくても、なんでバントができないんだと考えることもない。その場面に到るまでに、別のやり方をしていれば、ヒットは出たかもしれないし、バントは決まっていたかもしれない。そうさせてやれなかったことに、いつも責任を感じてしまう。決してきれいごとではなく、だ。

たとえば、ヒットが1本しか打てなくて負けてしまったとする。でも、もし一巡目にじっくりとボールを見ていくよう指示を出していたら、目が慣れてきた二巡目以降にもう1本ヒットが出て、それでスコアが動いて、別の結果になっていたかもしれない。結果論にはなるが、どんな試合でも手の打ちようはあったはずなのだ。

何かを動かさないと流れが変わらないと感じるときには、確率論ではなく、流れを変えるために代打を送ることもある。タイム的には、盗塁が成功する可能性が低いランナーに、あえて走らせることもある。それらはきっと成功することのほうが少なくて、失敗することのほうがはるかに多い。それだけ敗因はたくさんあり、それを作っているのは監督ということなのだ。

きっとやり方が間違っているんだろうな、ほかに手の打ちようがあったんだろうな、そういった自責の念が、試合後に湧いてくるだけならまだしも、試合中に湧き上がってきてしまうから、どうにもタチが悪い。「断ち切れ、断ち切れ、あとでいいんだ、あとで整理しよう」と自分に言い聞かせてみるが、どうしてもそれに引っ張られてしまう。大事な試合ほど、申し訳なさ過ぎて、引っ張られてしまう。それだけ勝ちたい。だから、思考がおかしくなる。

そういったものを断ち切って、前に進むためには、やはり「人間力」を高めていくしかない。

「野球人である前に一人の人間なんだ」と、いつも言うのはそういうことだ。

「こっちの責任」を痛感したシーン

クライマックスシリーズのファーストステージ第3戦、勝たなければシーズンが終わるという試合では「こっちの責任」を痛感させられるシーンがいくつもあった。

1対3で2点を追う5回表、ノーアウト1、2塁のチャンスを作り、打席に7番の鶴岡を迎えた場面だ。

ホークスがバントシフトを敷いてくることは予想できたし、コーチからは「思い切ってチャージされると、やっぱりバントはやりにくい」という声も出ていた。だが、自分には「バントはバントシフトを超える」という持論があった。良いバントをすれば、どんなシフトを敷かれても必ず決まる。

思い切って来られたら、バントの構えからヒッティングに切り替えるバスターという選択肢もある状況だったので、鶴岡は確認の意味で「来たらどうします?」と聞いてきた。「来たら、引いてもらって構わないので、バスターはしないでくれ。こっちのサインでバントしてくれ」と指示していた。

こういった場面も想定していたシーズン終盤、いろいろなことを試し、様々な可能性を探ってきた。しかし、残念ながら手応えはかんばしくなかった。それもあり、やり慣れていないことを仕掛けるよりも、ここはセオリーに従うべきだと考えた。そもそもセオリーは、最も確率が高いからこそセオリーなのだ。

なおかつ打席の鶴岡は、前年まで4年間、ホークスでプレーしていた選手である。バントはもちろん、バスターでも右打ちでも、何でもできる器用な選手だということは相手も熟知している。この場面でどんな選択をしたとしても、意表を突くことにはならない。だとすれば、ここは本人を迷わせないことが一番だ。

しかし結果は、初球、鶴岡の送りバントをピッチャーに処理され、セカンドランナーは3塁で封殺された。

鶴岡は前の打席でヒットを打っていたし、あそこでバスターをかけてやっていれば、もう少し違った勝負ができていたかもしれない。どうあれ、サインが違っていたということだ。

次は、3点差を追う7回表、またしてもノーアウト1、2塁とし、前の打席、代打で出場し、そのまま8番に入っていた田中賢介を迎える。そこでピッチャーは、シーズン中、左バッターにはほとんど打たれていない左キラーのサウスポー・嘉弥真が投入される。ここは、まず1点と考えてバントでランナーを送らせるか、それとも点差を考えてヒッティングで勝負に出るか。

結果、バントのサインは出さず、勝負に行かせて、田中は三振に倒れた。

あそこは、より確実な選択で1点を取りに行くべきだったのかもしれない。でも、田中を使っているということはそういう意味ではない、と考えた。そして、点は奪えなかった。

こう考えていくと、あれは自分がもっと違うやり方をしていれば、勝てたかもしれない試合だったと思わざるを得ない。勝てたかどうかはわからないが、少なくとも勝つ可能性はあった試合だ。これを取ればファイナルステージ進出という大一番を、監督のせいで落とした。紛れもなく、「こっちの責任」だ。

責任を問うた時点で、すべてを押し付けている

さらに、こんなシーンもあった。3点ビハインドの8回裏、先頭バッターをセカンドゴロに打ち取ったものの、何でもない送球をファーストの中田が捕球ミスし、残念なエラーでランナーを生かしてしまった。この日の中田は4打席ノーヒット、直前の攻撃で3つ目のアウトを取られたのも彼だった。大事な試合で結果が出せず、少し集中力を欠いていたのかもしれない。

失点にこそ結びつかなかったものの、少なからずチームのムードに好ましくない影響を与えるプレーだったことは間違いない。

そのエラーについて、もちろん本人は猛省しなければいけないが、それはあくまでも本人の問題であって、周囲が彼に何かしらの責任を問うべきものではないと考えている。本人が責任を感じることと、周囲が責任を問うこととは本質的な部分で大きく異なる。誰かに責任を問うた途端、あの場合でいえば中田に責任を問うた途端、彼のせいにすることで、すべてを押し付けてしまうことになりかねない。あたかも、自分には何の責任もなかったかのように。

でも、本当にそうだろうか。あの日はホームラン5本で5失点という、点の取られ方も悪かった。1点を返した直後に、すぐ2点を取られるという展開、試合の流れも良くなかった。

本当にそう思うから、集中力を欠いたように見えるああいったプレーが出ると、こういう試合展開にしてしまった自分が悪い、みんなに申し訳ない、と考えてしまう。とてもじゃないが、叱責する気になどなれるわけがない。こういうことを言うと、「甘い」と思われるかもしれないが、これればかりはどうしようもない。

いつも選手をかばうつもりなど毛頭なく、本音の本音で「こっちの責任」なのだ。

その数字でチームを勝たせるのが監督の仕事

チーム防御率がもう少し良ければ、打率がもう少し高ければ、ホームランがもう少し多ければ、そうしたら優勝できたかもしれないとファンの皆さんはお考えになるかもしれない。でも、現場で戦っている自分の中には、そういった感覚はまったくと言っていいほどない。

いつも考えているのは、その数字でどうやったら優勝できるかということだ。2018年シーズンの数字でも絶対に勝ち切れたはずだし、優勝する方法はあったに違いないと思っている。

選手個々がいかにレベルを上げるか、数字を伸ばすかということは、正直なところ、監督が考えることではないと思っている。突き放すようで申し訳ないが、それは本人が考えればいいことだし、チームは選手のために専門職の指導者、コーチを用意してくれている。だから、レベルを上げるとか、数字を伸ばすためにどうするか、ということはそのコーチに相談して一緒に考えてもらえばいい。それをやるもやらないも、本人次第だ。結果が出なければ一軍にはいられないし、そのまま放っておけばいずれは厳しい状況に置かれる。

自分でできない選手は、どのみちやっていけない世界なのだ。

それをいつもちゃんとやってくれている前提で、その数字でチームを勝たせるのが監督の仕事だ。

「勝たせる」というのが少し誤解を招く言葉遣いだとすれば、「チームが勝つことを手伝う」と言えばより実感に近いだろうか。でも、それだと少しまどろっこしいので、伝わりやすさ優先で、ここはあえて「勝たせる」と表現させてもらう。

だから勝てなかったときは、選手は頑張って力を出してくれたのに、勝たせる方向にもっていってあげる努力ができなかったことが悔しいし、大いに反省しなくてはいけないとも思っている。

現場の指揮官が大事にすべき心構え

選手の意思を確認するか、それとも客観的な判断で進めるか

選手本人に直接確認し、言葉として本音を知っておかなければならないことと、むしろ知らないほうがいいことがあると思っている。

西川遥輝は、パ・リーグの外野手部門で2年連続ゴールデングラブ賞を受賞し、いまや球界を代表する名手の一人と言ってもいい。もはや外野を守っている彼の姿以外、なかなか思い浮かばない。でも、活躍を始めた当時の彼は内野手だった。

自分が監督デビューを果たしたのと同じ試合、2012年の開幕戦で、彼は代走としてプロデビューを果たした。先発初出場はDHで、スタメンに定着したのは8月の終わり。チームの中心選手だった田中賢介が故障で戦列を離れ、その穴を埋めるべくセカンドとし

て先発出場するようになった。

その後、チーム事情もあり、ファーストを守ってもらうこともあったが、本人はセカンドというポジションにこだわりを持って取り組んでいたように思う。

しかし、２０１４年の途中から、彼には外野を守ってもらうことが多くなった。もちろん、そこにもチーム事情は絡んでいる。だが、それ以上に将来像のイメージが大きかった。この選手が本当に光り輝き、球界のトップに立つとすれば、このポジションなのではないかということをイメージし、アプローチしてみる。その結果、外野手・西川遥輝は誕生した。

それが正解だったのかどうかは、２年連続ゴールデングラブ賞を授賞したいまも、実はわかっていなくて、おそらく本人の中にもその答えはないのではないだろうか。彼があのままセカンドを続けていたら、いま頃どんな選手になっていたか、それは誰にもわからないことだ。

そして、彼があの外野へのコンバートを当時どのように受け止め、いまどう思っているのかだが、実はそれを本人に尋ねたことはない。知らないほうがいいことだと思っているからだ。

チームを前に進めていくためには、選手の意思を確認しながら、同意に基づいて進めなければならないことと、あくまでも客観的な判断を優先すべきことがあると思っている。

なぜなら、選手自身が本当に自分に必要なものをわかっているとは限らないからだ。選手が考える「自分はこうありたい」というイメージが、最もその才能を発揮させられるはずの形とは異なっているケースもある。客観的に判断できる他者だからこそ感じられるものもあり、事前に本人に確認することは、前進を妨げることにもなりかねない。だからこそ選手のためになると信じ切ることができれば、あえて確認作業をせず、きっぱりとそれを指示する割り切りも必要となる。

さらに、こちらの気持ちの問題もある。自分の未熟さゆえの心の弱さと言ってもいい。あらかじめ選手の意思を確認し、その思いを知ってしまうと、それが客観的な判断とは異なっていたとしても、心の中のどこかで「やらせてやりたい」という気持ちが芽生えてしまう。そうするとこちらの意図と思いを説明するにもためらいが生じ、そのほんのわずかな迷いさえも心の波動として伝わってしまう。それが、選手の覚悟にも影響を及ぼしてしまうのだ。

選手にどう思われようと、やると決めたらやる。そこに戸惑いやあやふやさは禁物だ。

だからいまは、西川が球界屈指のプレイヤーに成長してくれた現実だけを頼りに、その経験を次の選手にも活かしていこうと考えている。

確認作業は、次に進むためには必ず必要なものだというイメージもあるが、逆に確認しないからこそ前に進めることもある。結果、良いほうに進むんだったらそれもあり。選手はすごくイヤな思いをしているかもしれないし、監督のことを恨んでいるかもしれないが、こっちもそうやって戦って、選手のためだと自分に言い聞かせて、信じて、胸を張って、前に進んでいるつもりだ。

「兆し」を見逃さない

「春めいてくる」など季節の訪れに兆しがあるように、選手がケガするときにも兆しがあるような気がしている。ケガは、突然のケガなのだが、気付いていないだけで、実はそこにも何かしらの兆しがあるのではないか、と。

ちょっと気持ち的に落ちていたりだとか、家族に何か不安なことがあったりだとか。そして、それを何とか感じることはできないものだろうかと思うのだ。

兆しは、見える人にしか見えないという。

いくら見ようとしても、見えない人には見えない。だとしたら、もっと必死に見ようとするしかないのではないだろうか。必死に見ようとすれば、もしかしたら突然見え出すこともあるのではないか、という淡い期待を抱いて。

2018年、ファームのイースタン・リーグで、ファイターズはかなり引き離されての最下位に終わった。先発ピッチャーの不足が、最大の要因と思われる。それはそうだ、1軍監督がすぐに先発投手を上にあげてしまうのだから。ただ、そのファームの現状は、来年、先発ピッチャーを作っていかないともっと苦しくなるよ、という兆しでもある。比較的わかりやすい、目に見える兆しだ。

一方で、とても見えづらい兆しというものもある。それをどう捉えていくかが、チームにはいつも求められている。どう捉えて、どう動くか。

組織が変化していくとき、そこには絶対に何かしらの兆しがあり、それを見逃してしまうと次の動きにひどく時間がかかってしまう。そうならないためにも、兆しを感じるアンテナをいつも張り巡らせ、敏感な状態を保っておかなければならない。

「寄り」と「引き」のバランス

ある程度、選手と距離を取って、離れたところから見ていると、そのほうがかえってコンディションを感じ取れたりすることがある。全然笑顔がなかったり、とてもイライラしている感じがしたり、いま悩んでいるんだなということが伝わってきたり、そういうのが不思議と見えてくる。よく見えるから、不安そうにしているなら背中を押してやろうと思う。それは言葉なのか、起用法なのか、逆に本人を怒らせるくらいの使い方をして、吹っ切らせてみてはどうかとか、いろいろ考える。それも監督の仕事だ。

近くにいると、どうしても声をかけたくなる。そして声をかけると、どうしても余計なことまで言いたくなってしまう。世間話で、緊張がほぐれることもある。ただ、その緊張のほぐれが、大切にしてほしい危機感まで薄れさせてしまうこともある。そうさせてしまうことは、できれば避けたい。だから、そばに行くのは必要なときだけと心掛けている。

いま思うと、監督1年目はその距離が相当近かった。ちょっとイヤな顔をされたり、あいさつの言葉が雑だったりすると、すぐに近寄って話しかけていた。それだけ不安だったんだと思う。

それが変わるきっかけとなったのは、サッカーの名門クラブ、マンチェスター・ユナイテッドで、27年もの長きに渡って指揮を執ったアレックス・ファーガソン元監督のことが書かれた、小さな記事だ。

「すべて指示していたものを、コーチに任せて一歩引くようにしたら、それまで見えなかったものがいろいろ見え始めた」という内容だった。それに感化され、少し選手と距離を取ってみようと試してみるようになった。それからだ。

ただ、「引き」と「俯瞰」だけだと、どうしても客観的になり過ぎてしまうので、「寄り」で接してみようとするときは、できるだけ思い切って選手の中に入ってみるようにしている。この選手はどうしてこんなに苦しんでいるんだろうと思ったとき、その選手になり切るくらいのつもりで考えてみないと、わからないこともあるような気がするからだ。

客観的に見ると、そんなことで苦しんでいないで、さっさとその悩みの種を捨ててしまえばいいのにと思う。たとえば、それはプライドや、自信からくるものだったりする。でも、彼にはそれを捨てられない理由が何かある。それを理解してあげられないと、接し方も頭ごなしになりがちだ。それが「引き」や「俯瞰」のデメリットだと思う。だからこそ、いつもバランスが必要なのだ。

人に言われてやっているうちは一流にはなれない

実はいま、自分のやり方に少し疑問を持ち始めている。とにかく好きなようにやらせて、選手たちの良い部分を引っ張り出すほうがいいと思ってやってきたのだが、果たして本当にそれで良いのだろうか。

と言うのも、世間一般で当たり前とされている、きちんと挨拶をするとか、目上の人に敬意を示すとか、そういったことが、もしかしたらうちは少し薄れてきているかもしれないと感じることがあるからだ。

ファイターズの若い選手たちの、先輩に対する接し方は、他のチームのそれとは少し違っているような気がする。怖い先輩には一応挨拶はするけれど、それ以外は結構ルーズな印象がある。フレンドリーと言えばフレンドリー、礼儀がなっていないと言えばなっていない。

とは言え、それについて、とりたてて何かを言うことはない。挨拶は、誰かにしなさいと言われてするものじゃない、というのが根っこにあるからだ。

「躾《しつけ》」という漢字には音読みがない。日本で生まれた漢字で、中国から来たものじゃないから、そもそも訓読みしかない。裏を返せば、それは日本人にとって、とても大事なものだと考えることができる。だから、そのような漢字ができたのだろう。

その躾だが、身に付けさせるには、ある程度の強制力が必要だという。そこのことを自分で考えられるようになるまでは、強制力をもって意識付けさせないと身に付かない。それが習慣化させるということだ。それはそうだと、納得はする。納得はするけど、どうしても「人に言われてやっているうちは一流にはなれない」というところに行き着いてしまう。自分で決めて、自分で前に進もうとしなければ、人は前に進まない。

だから、躾はしなければいけないが、言われなくても早くそこは超えてくれと、願わずにはいられない。

心の機微を刺激する

2017年、スワローズからトレードでやってきた杉浦稔大を、彼の出身地である帯広でのゲームで先発させたことには第3章で触れた。

7月に移籍してきた藤岡貴裕の初登板は、8月16日、札幌ドームでの古巣・マリーンズ戦で先発に指名した。

また、東京大学卒のルーキー・宮台康平は、8月23日、学び舎であった本郷キャンパスから程近い、東京ドームでのホークス戦でプロ初登板を果たした。

「栗山は相変わらずそういう起用が好きだな」と、笑われることもあるが、どうせ使うなら、選手のポテンシャルを最大限に、あるいはプラスアルファまで引き出す可能性を秘めた舞台を用意するのも、こっちの仕事だと思っている。もちろん、その背景を理解したチームメイトが「勝たせてやりたい」と思ってくれる、その効果も見込んでのことだ。

現在、チームの広報を務めるスタッフが、そんな自分の起用法のことをある記事で書いてくれていたのをふと目にした。

「選手は心の機微を刺激される」

さすが元スポーツ紙の記者、「心の機微を刺激する」とはうまく言ってくれたもので、そんなちょっとした刺激が、選手のパフォーマンスにも大きな影響を与えてくれると信じて、これからも積極的にそんな起用を続けていきたいと思っている。

ドラフト1位という存在

先の項で名前を挙げた藤岡と杉浦は、いずれもドラフト1位でプロの世界に入ってきた選手である。

いま、ファイターズの投手陣には、ドラフト1位入団のピッチャーが9人いる。

1　斎藤佑樹　10年ファイターズ1位
16　有原航平　14年ファイターズ1位
18　吉田輝星　18年ファイターズ1位
20　上原健太　15年ファイターズ1位
31　村田　透　07年ジャイアンツ1位
34　堀　瑞輝　16年ファイターズ1位
36　中村　勝　09年ファイターズ1位
56　藤岡貴裕　11年マリーンズ1位
57　杉浦稔大　13年スワローズ1位

加えて、移籍してきた金子弌大も自由獲得枠での入団だから、実質10人といえるかもしれない。アマチュア時代から、スカウトはもちろんのこと、それ以外のプロ野球関係者も誰もが名前を知っている、こいつはすごくなるぞと思っているのがドラフト1位の器というものだ。我々が普段使う言葉でいうところの「素材感」を高く評価される選手たちだ。

そんな選手たちにも、状態の良いとき、悪いときはあって当然だが、スカウトは本当に良いときの姿を間違いなく知っている。それを知らなければ、絶対に1位で獲ることはできない。

なので、1位で獲った選手がなかなか活躍できないでいると、フロントやスカウトからすれば、あれほどの素材が出てこないのは現場に問題がある、ということになってしまう。間違いないはずだった選手がしばらく結果を出せずにいるとしたら、そこには何かしらの理由があるはずだ。逆に言えば、やり方によっては、必ずブレイクする可能性があるということ。ドラフト1位で結果が出ていない選手ほど、伸びしろのある選手はいない。

そして、そこでも自分の思考は、どうしても「人として」という部分に行ってしまう。野球の前の段階として、人としての成長が彼らの能力を引き出すに違いないということだ。野球の前の段階と言っても、それも含めて野球なのだが。

Kuriyama's principle

答えがないからこそ、ヒントを探し続ける

人が歴史、人がデータである

昨シーズン（2018年）中、あれはたしか8月の終わりだっただろうか、大阪で一日オフがあり、京都に足を運んだ。二条城に行ったり、京都御所に行ったり……。ファイターズは首位ライオンズに少しずつその差を広げられる、苦しい状況にあった。現状を打破するためのヒントがどこかにないかなと思ってあちこち見て回ったが、結局、その日は何も見つからなかった。

オフの日にヒントを求めて歩き回るのは、日頃、むさぼるように本を読んでしまう理由にも通ずるものがある。負けた悔しさから、試合後、食事も取れずにずっと本を読んでいて、気づいたら外が白んでいた、なんてことも何度もあった。

人が歴史、人がデータ。だから人が何をしたのか、そこでどういう失敗をして、どういう成功をしたのかが知りたくて、本を読む。

変な言い方だが、決して読書が好きなわけではなく、監督をやっていて、いつも何かヒントがほしくて読んでいる。いわば、「欲しがりの読書家」だ。

人は、つくづく答えを見つけたがる生き物なのだと思う。でも、野球には答えがない、もっといえば人生には答えがないから、ひたすらヒントだけを探し続けている。

「指揮官の責任」を問い続けている中で、大切なヒントをくれた人たちのことを書いてみたい。実際に出会った人もいれば、本を通じて知った人もいる。

ただ、それがどちらであっても、ヒントをくれた言葉たちはたしかに生きている。

「野球界に恩返しをするんだ」

星野仙一

2018年1月4日、心から尊敬する方が亡くなった。星野仙一さんだ。

本当にショックで、いまもまだ信じられない思いでいる。

自分が29歳で現役を引退して、第2の人生をスタートさせたとき、星野さんは中日ドラゴンズの監督だった。

キャスター・評論家時代には、海外に取材で同行させていただいたこともあり、いろいろなことを勉強させてもらった。

監督としても、本当に教わることが多かった。

星野さんとは、ドラフト会議のときにお会いしたのが最後になった。

ファイターズは、ドラフト1位で7球団が競合した清宮幸太郎の交渉権を引き当てた。

その会場で、星野さんだけは、清宮のことなどまるで頭にないかのように、

「何しとんじゃ、クリ！」

と、怒られた。日本一になった翌年、不甲斐ない成績に終わったファイターズのことだ。

「あのメンバーがいて、この成績はなんだ！」って。

まるで自分のチームのことのように嘆き、叱咤激励してくれた。

「でも、日本一になったあとって、いろいろあるよな」

と、優しいフォローのひと言もかけてくれた。

「闘将」と呼ばれた熱血漢で、険しい顔をしているイメージが強いけど、あんなに優しい人が、ああいうスタイルにしなければ戦えないほど、プロの世界は厳しいということ。あ

る意味、優しい人だからこそ、ああやって怒ることができたのだと思う。

そんな星野さんに、ずっと言われ続けてきた言葉がある。

「我々は、野球界に恩返しをするんだ」

こうしてプロ野球でメシを食っていけるという状況を作ってくれた先輩たちに感謝して、我々には、それを次の世代に渡す義務がある。少子化の問題もあって、野球をやる子どもたちは減っているけど、もっともっと夢のあるプロ野球にするため、まだまだ頑張れることはいっぱいある。

いろいろな特長を持った子が、プロ野球の世界に向かってきてくれる、勝負にきてくれることには、この上ない喜びを感じる。自分が子どもの頃、プロ野球選手になりたいと思ったのと同じ夢を持ってくれた子たちが、本当にそこまでレベルを上げて、勝負にきてくれるというのがすごく嬉しい。

とにかく選手たちをキラキラさせてやりたい。優勝する年の選手たちは、みんなキラキラしていて格好いい。たとえば、最近のカープを見ていると、本当にみんなが輝いて見える。

やっぱり歴史は繰り返していて、次の世代にも良い選手がいたからこそ、その歴史はつながっている。歴史がつながっているというのは、次の世代にもっと能力の高い選手が必ずいるという証明なので、それを信じてみんな前に進んでいる。野球ファンにとっても、それ以上のことはないし、自分はその手伝いがしたいと思うだけだ。

振り返ってみれば、まだ何一つ、星野さんには恩返しができていない。

いつかまた必ず「クリ、ちゃんとやったんか！」と言われると思うので、そのときには「はい！」と答えられるよう、これからも命がけでやるだけだ。

「教えるな」 根本陸夫

シーズン中のある日、いまは亡き根本陸夫さんのお宅にお邪魔した。第1章でも少し触れたが、根本さんは、日本プロ野球界におけるGMの先駆け的な存在で、球団経営やチーム編成などで、数々の逸話を遺された人物だ。

生前、気に掛けていただいたことがあり、奥様がご健在とのことだったので、ご挨拶に伺った。そこで教えていただいた話が、とても印象に残った。

根本さんが出会った、理想の監督の話だ。

昔、埼玉の高校の野球部に、盲目の監督さんがいらっしゃったそうだ。決して強豪校というわけではなかったようだが、その監督さんは音で打球の方向がわかる。

それが理想だ、と。

どういうことかというと、要するに「余計なことを言わない」。人が持っているもの、もともと体の中に入っている本当に大切なものを、そのまま一番大切にできるのが理想の指導者というわけだ。

なのに野球界は、みんな「ああでもないこうでもない」と指導をして、つぶしてしまう。肝心の一番大切なものを、活かしてやれていないことが多い。

だから、根本さんは「教えるな」が口ぐせだったという。

どんなに野球を知り尽くした人がいたとしても、本当にすべてわかっているかと言ったら、それは誰にもわからない。技術を含めて、その人の感覚でしかない可能性だってある。

「それは絶対に正しいんですか？」と、根本さんは問い続けていた。

そこを間違わないためにも、大切なのは、いかに人の話を聞くことができるかということ。

奥様に、根本さんの「いつもの愚痴」も教えていただいた。

「プロ野球の人間は、プロ野球のことしか言わない。だからほかの世界の人から、いろんなこと、いろんな意見を聞くんだ」って。

野球を心から愛しているからこそ、「プロ野球に染まってたまるか！」の精神を忘れてはいけない。

そう言えば、ファイターズとの縁も、「根本陸夫になりませんか？」と声を掛けてもらったところから始まった。あのとき、球団は根本さんがらつ腕を振るったGM的なポジションをイメージしていたのか、それともはじめから監督をオファーするつもりだったのか。その後、直接確認してみたことはないが、根本さんのことを自分の中で勝手に大きな存在だと感じているのは、あの言葉とも無縁ではないのかもしれない。

「日々新なり」　三原脩

「野球界に恩返しをするんだ」という星野さんの言葉に思いを馳せるとき、いつも頭に浮かぶ人がいる。監督として5球団で指揮を執り、西鉄ライオンズ時代には「3年連続日本一」という偉業を成し遂げた三原脩さんだ。自分がファイターズでいただいている背番号

80は、日本ハム球団の初代社長でもある三原さんが監督として最後に付けた番号で、あやかりたいという思いから頂戴した。

我々は、誰のおかげで野球を生業とすることができているのか。その誕生から80年あまり経ったいまなお、プロ野球がこうして在り続けていられるのは、その礎を築き、のちの隆盛へと導いてくれたたくさんの先輩方がいてこそである。その尊い歴史を、数々の書物を通して教えてくれたのも、三原さんだった。

「三原君、日本で初めて、本格的なプロ野球チームを作りたいんだ。ひとつ真っ先に加入してもらいたいんだが」。三原さんは早稲田大学野球部の市岡忠男監督の、そんな一言でジャイアンツの前身「大日本東京野球倶楽部」の契約第一号選手となった人である。さぞかし栄誉なことかと思うが、実はそうではなかったようだ。三原さんは自著『風雲の軌跡』でこう振り返っている。

「そのとき、かすめた思いは、不安だった。なぜか。芝浦協会もそうだし、大毎球団、宝塚協会、天勝らのセミ・プロチームのみじめな末路が思い浮かんだのである。ついにプロになり得ずして消えた先人の試み。『結構な話ですが、大丈夫なのですか』」

思わずそう聞き返したという。昭和9年のことだ。プロ野球ははたして、日本の風土に花を咲かすことができるのか。いまでは国民的スポーツとなった野球の姿からは想像できない時代があった。三原さんは、同じ本の中で、勧誘を受けたときの心境をこうも書いている。

「日本生命入社が内定しています。何より来年（昭和10年）1月には、入隊ですよ」

プロ野球自体が存在しなかっただけでなく、戦争もあった。実際、三原さんは昭和10年1月に現役入隊し、1年半軍籍を務めたのを皮切りに昭和12年、16年と三度の兵役に服した。上海事変に再召集されたときは、左大腿部に貫通銃創を受けている。

一方、野球という競技は日本に受け入れられていた。三原さんも在籍した早稲田大学と慶應義塾大学のいわゆる「早慶戦」を筆頭とした六大学野球は多くの観客を動員し、また都市対抗も盛んで、アマ野球が野球界をけん引していた時代ともいえた。

三原さんは「名将」「魔術師」などと呼ばれた監督時代、そして経営者時代に、特に球界に足跡を遺された。

常識を覆すような奇襲を駆使した戦術は「三原マジック」と呼ばれ、その戦術をまとめた『三原メモ』は、実に詳細な野球の戦い方の考察であり、自分も大きな感銘を受けた。

経営者として日拓ホームフライヤーズを買収し、日本ハム球団の初代社長となったときの苦労も大変なものだったようだ。著書にこうある。「私の心配は絶えなかった。それは果たしてこのチームで優勝ができるだろうかだった」(『風雲の軌跡』)

いま、我々がこうしてユニフォームを着、大好きな野球を存分にできるのも、こういった先人たちが過ごした時代があってこそ、なのだ。

「日々新なり」

その心を大切に、三原さんは野球界の生き筋を示してくれた。

Kuriyama's learning

選手たちが「人のため」にプレーできるようになる秘密

「商売をする上で重要なのは、競争しながらでも道徳を守るということだ」 渋沢栄一

「日本の資本主義の父」といわれる実業家・渋沢栄一さんの著書『論語と算盤』は、名だたる経営者が座右の書に挙げる名著で、そこで説かれている大きなテーマは「利潤と道徳の調和」だ。

つまり、商売をする上で重要なのは、競争しながらでも道徳を守るということ。

人のために尽くすことと、お金を稼ぐことは一見、対極にありそうに思える。でも、決して利益を独占しようとせず、他人の富のために自分の持てる力をすべて出し尽くし、多くのことをやり遂げた渋沢さんのように、企業経営においてそれが両立するなら、人のた

めに尽くすことと野球選手として成功することも一致するのではないかと思ったのが、この本に心酔するようになったきっかけだった。

人間として成長しなければ、野球選手としても成長できないのではないか、ということは前々から感じていたので、「こういう野球観がいいな」と思わせてくれる考えに出会えたのは、本当に大きかった。第1章で紹介したファイターズのチームカラーを説明したものは、こうしてでき上がっている。

ドラフト1位の吉田輝星には、はじめて会った指名挨拶の席で、『論語と算盤』の余白に一文を添えて贈った。若い選手にはまだ難しいかな、と思いつつも、いつか「こんな考えがあったな」と思い出してくれるといいな、という思いで薦めている。

『論語』の教えをはじめ、正しいことは昔から変わらない。そういった普遍的なものに、選手たちにも若いうちから触れてもらう機会が増えるといいな、と。

渋沢さんの原動力は、「自分のためにやっていない」ということ。私心がない、私欲では動かない。

それはプロ野球選手も同じで、みんな最初は自分のためにプレーするけど、それが仲間のためになり、家族のためになり、ファンのためになる。「人のために尽くす」ということとを大切にしていると、気付けば「誰かに喜んでもらう」ということが、最大の原動力になっている。

いつか、「ファイターズの野球って、そういう野球だよね」と、ファンの皆さんに言ってもらえるようになれば最高だ。

「稚心《ちしん》を去る」　橋本左内

「稚心」とは「子どもっぽい心」のこと。それを捨て去らない限り、何をやっても決して上達はしない、とても世に知られる人物となることはできない。まずは「稚心を去る」ことが、立派な武士になるための第一歩である。幕末に生き、わずか25年という短い生涯を駆け抜けた武士・橋本左内は、数え年で15歳のときに、このようなことを書いている。

いまも読み継がれる『啓発録』は、彼がこれから生きていく上での指針、強い決意のようなものをしたためたものだ。時代が違うとはいえ、これが、いまでいう中学生が打ち立てた「志」かと思うと、心から感服する。

そしてこの「稚心を去る」が、人の能力を引き出すためにはとても重要な意味を持ってくると、最近、強く感じている。成長を妨げているのは「子どもっぽい心」、要するに「わがまま」であるケースが多い。みんな心の中に「大人の心」と「子どもっぽい心」が共存していて、うまくいかないと、すぐに「子どもっぽい心」が出てきて、人を「わがまま」にさせる。そして、余計なことまで考えて、いつもイライラしている。はっきり言って時間の無駄、何もいいことがない。

これはいま、日本という国が抱えている多くの問題にも直結しているのではないだろうか。様々なニュースに触れるたび、よくそのことを思う。心が子どもであるがゆえ、大人になり切れていないがゆえのトラブルはあとを絶たない。

そういう自分も、まだ子どもだ。でも、この7年間で、大人になるスピードは間違いなく加速させてもらっていると思う。自分を捨てて、人のために尽くすということを、まだまだできてはいないけれど、真剣に向き合えるようにはなってきている。だからこそ「子どもっぽい心」を出させてしまったときは、いつも責任を感じてしまう。どうして「大人の心」を引き出してあげられなかったのか、と。

結果が出ていれば、自然と「大人の心」が出てきて、誰でも「チームのために」となる。プロの世界は、特にそう。結果が出て、みんなが気分良くやれているときは、驚くほど「大人の集団」。難しいのは、結果が出ていないときにどうやって「大人の心」を引き出すか。きっとそれを引き出すのが、監督の仕事なんだと思う。

「稚心を去る」、これがすべてだ。

「人が成熟する速度は、その人がどれだけ恥に耐えられるかに比例する」ダグラス・エンゲルバート

コンピュータに使用するマウスを発明したダグラス・エンゲルバートは、「人が成熟する速度は、その人がどれだけ恥に耐えられるかに比例する」と言っている。

プロ野球選手を見ていると、プライドが邪魔をして、恥ずかしさに耐えられなくなってイライラしたり、無駄に抗ったりしているように感じることがある。人前で恥ずかしい思いをする。でもやるんだ、みたいな選手のほうがやっぱり伸びていく。恥に耐えられないのは、「子どもっぽい心」が顔を覗かせてしまって、それを受け止め切れないからなのだと思う。

2018年レギュラーシーズンの最終戦が行われた10月11日、試合後のセレモニーで、選手会長の中島卓也がファンの皆さんに挨拶をした。

「今シーズンもたくさんの声援、ありがとうございました。チームの目標、ファンの皆様の期待していたリーグ優勝に手が届かず……」

そこで、言葉に詰まり、

「すみません、もう一度やります」

と恥ずかしそうに苦笑いを浮かべ、少し間を置いて、途中からまたやり直した。まさに彼の人柄そのものというか、これ以上のスピーチはないと、感心しながら見ていた。

人前で恥をかいて、それを受け止められるようになってきたということは、ようやく大人になってきた証拠。これは、とても大事な要素だ。

プロ野球選手は、みんな若いうちからスターになってしまうので、それがなかなかできない。特に甲子園のスターはそれが顕著で、自分ができないことを誰かのせいにしたり、無視したり、子どもっぽい言動が目立ってしまう。

大切なのは、みんなの前で「ごめんなさい。次、頑張ります」と言えることなんだと思う。

「人間たる者、自分への約束を破る者が最もくだらぬ」

吉田松陰

札幌で新入団発表会見が行われた11月23日、ある本を8人に手渡した。

さまざまな分野の成功者のエピソードが書かれた短編集で、読み終えたらその余白に、自分で「人生の約束」を書いて、入寮時に持ってきてほしいとお願いした。その宿題には、自分との約束を守れる選手になってほしい、という願いを込めた。いま、それを書いておくことで、苦しいときに立ち戻るべき「初心」も、より明確になる。

たとえば吉田輝星の場合、息子の進路を案じたお父さんは、はじめ進学を勧めたという。大学に行って学びなさい、と。そういう切実な気持ちがあって、それでもプロに挑戦する決意を固めた。ご両親や校長先生への心からの感謝、その純粋ないまの気持ちだけは、これからも絶対に忘れないでほしい。

我々には、そういった人として大切なものは何なのかということを、彼らに伝えていく義務がある。

「人間たる者、自分への約束を破る者が最もくだらぬ」

幕末の思想家、吉田松陰の言葉だ。

その言葉の通り、一流になっていくスポーツ選手を見ていると、みんなそういう気概を持っているように映る。

それぞれが、自分に約束した初心を守っていれば、きっとプロ野球の世界で成功する道は開けるはずだ。

「至誠にして動かざる者は、未だ之れ有らざるなり」

孟子

12月1日、北海道胆振東部地震で被害の大きかった厚真町《あつまちょう》を訪ねた。

きっかけは、厚真中央小学校の池田健人校長から届いた一通の手紙。「復興のエネルギーである学習発表会に参加してほしい」という内容で、何枚にもわたる毛筆の素晴らしい手紙だった。校長の熱い魂は、十分すぎるほど伝わってきたし、自分がほんの少しでも皆さんの力になれるなら、そんなに嬉しいことはないと、喜んで参加させてもらった。

子どもたちとのふれあいや、同じく被害の大きかった安平町《あびらちょう》やむかわ町への訪問で、自分に何ができるのかを、改めて考えさせられる一日となった。

「至誠にして動かざる者は、未だ之れ有らざるなり」

誠を尽くせば、人は必ず心を動かされるというこの言葉は、吉田松陰が大切にしていた孟子の言葉だ。

今回の訪問は、まさしく池田校長の誠に、心を動かされて実現したものだった。

そして、我々が誠を尽くす相手は、もちろん野球だ。野球に対して誠を尽くさなければ、やっていることに意味はない。それには、わかったふりをしないこと。野球とはこういうものだと、頭から決めつけてかからないこと。

誠を尽くして、動かせないものなんてない。もし、誠を尽くして、それでも勝てなかったとしたら、「この上ない誠の心を尽くし切っているのか?」という自分への問いとなって返ってくる。

「はきものを揃え、イスを入れる」 森信三

「朝の挨拶」「ハイという返事」「はきものを揃え、イスを入れる」

「国民教育の師父」と謳われた不世出の哲学者・森信三さんは、この3つの根本的な躾を、

遅くとも小学校低学年までにやれば、他の躾はできるようになると説いた。

その中でも、特に考えさせられたのが、「はきものを揃え、イスを入れる」という教えだ。これには、いろいろな意味、人それぞれの受け止め方があると思う。

いったん物事を始めたら、最後まできっちりやり切るという習慣がないと、本当にやるべきこともやれないままになってしまう。いつもやりっ放しみたいな感覚でいてはいけない。自分は、そう言われているような気がした。

札幌ドームの監督室には、大きめのイスがある。たまに、急いで監督室を出たとき、「あ、イスをしまっていなかった」と思うことがある。そういう習慣付けが、まだまだできていない証拠だ。

ホテルに宿泊していても、試合に負けた日は悔しくて、それはかり考えている。ふと気付くと朝になっていて、とりあえず身支度だけして、慌てて出かけてしまったという経験もある。それが、いまはどんなときでも、最低限、部屋を片付けてから出発するのが習慣になってきた。

考えてみれば、人として当たり前のことだが、そういうことから意識付け、習慣付けが大事になってくる。

また、森さんの教えの柱に、「腰骨を立てる」というのがある。

一日一日を有意義に生きるためには、心を燃やし、己を律することが必要となる。しかし、その緊張感をいつも持続するのは簡単ではない。

それには「腰骨を立てる」ことしかないのだという。人間の心と体は、切っても切り離せない。ゆえに、心の緊張感を保とうとするなら、まずは体の緊張感を保たなければならない。そのために「腰骨を立てる」、つまり背筋をピンと伸ばすことを心掛けるのだそうだ。

背筋を伸ばしていると、気持ちもしっかりとする。姿勢が良いと、意識も伴う。何かを受け止めようとする、準備もできる。人はそれだけ覚えていたら、大丈夫。大きく間違えることはない。

選手たちにも、こういうことが当たり前のようにできるのって格好いいよねと、折に触れ、伝えていければいいなと思っている。

でもその前に、まずは自分がやる。それが原理原則だ。

「幸福三説」

幸田露伴

明治の文豪・幸田露伴が著した『努力論』に、どうすれば「運」がつくかという話がある。正確には「幸福」を引き寄せるための3つの工夫、それが有名な「幸福三説」だ。その「幸福」を、自分なりに「運」と置き換えて読んでみた。

1つ目の「惜福」は、「運」を使い切らないということ。「運」が向いているときは、それを乱暴に使い果たすのではなく、しっかりと貯めておく。うまくそれができる人のところには、不思議とまた「運」が向いてくる。徳川家康は、この「惜福」がうまかったという。

2つ目の「分福」は、「運」を人に分け与えること。手に入れたものを、人にどんどん分け与えていく。これができず、独り占めしてしまうような人には、誰もついてこないので、人の上に立つことができない。この「分福」は、豊臣秀吉や平清盛がうまかったという。

3つ目の「植福」は、「運」を植えておくこと。いまが良ければいいと考えるのではなく、将来のために木をたくさん植えて、リンゴがなるようにしておいてあげる。知恵を絞って、次の世代のための使いみちを考えるということだ。

そこまでしないと「運」というものは回ってこないんだということを、露伴は言っている。昔の知識人は、みんなそれを知っていた、と。

そして、彼はほかにもたくさんのヒントをくれている。

誰かの影響を受けて、つまり「他力」をきっかけに変わろうとするのは比較的簡単だ。でも、そのきっかけを「自力」で作ろうとするのはなかなか難しい。人の話を聞かない人は、いつも「自力」で変わろうとするから余計難しくなる。だから、いつまで経っても変われない。

また、成功する人と失敗する人の違いを、こういうふうに表現している。成功する人は、そこに置いたものを蹴っ飛ばされても「ごめんなさい、僕がそこに置いたから」と自分のせいにして考える。失敗する人は、「俺って本当にツイてない。運が悪いよな」と誰かのせい、何かのせいにしてしまう。

とても興味深い。結局、昔からそうなんだなと、納得させられることばかりだ。

「自分の師が、ほかの人にとっても良き師であるとは限らない」

渡部昇一

英語学者で「知の巨匠」と呼ばれた、渡部昇一さんの本に書かれていたエピソードだ。

幸田露伴の『努力論』に、露伴の師のことが書かれている。

自分が師と仰ぐほどの人物なのだから、誰もがそう感じているに違いない。そう思っていたら、実は師と仰いでいたのは自分だけだった。

それを読んだ渡部さんは、思ったという。本当に、自分にとっての師だからといって、ほかの人にとっても良き師であるとは限らないのだと。渡部さん自身、『努力論』に大きな影響を受け、その一冊を紹介してくれた先生に大変感謝していたが、同窓会でその先生のことを話したら、誰も覚えていなかったという。

裏を返せば、たとえ自分が誰かに師と仰がれていたとしても、自分がみんなの師になり得ると思ったらそれは大きな勘違いだ。そして残念なことに、この世の中にはそこを勘違いしている人が、意外と多いのではないか。

野球の世界でもそう。自分が正しいと思ったら、すでにそこから間違っている。「間違っているけど、自分はこう思う」でなければいけない。自戒の念を込めて。

「ひとと比べるな」　内藤博文

監督として2年目の開幕を迎えた直後、恩師の訃報に触れた。尽きることない感謝の思い、忘れ得ぬエピソードは拙著『覚悟』『伝える。』でも紹介させてもらっている。それを上梓してまもなく、恩師は旅立たれた。

大学を出て、22歳でスワローズに入団したものの、プロのレベルにまったくついていけず苦悩していたとき、目をかけてくれた人がいた。内藤博文二軍監督である。

ジャイアンツにテスト生第一号として入団し、そこからレギュラーにまでなった内藤さんは、同じようにテストで入団してきた出来の悪い新人に、とことん向き合ってくれた。その支えがなければ、きっと1、2年でクビになっていたはずだ。

一番苦しかった時期、内藤さんにかけられたひと言が忘れられない。

「ひとと比べるな」

「プロ野球は競争社会だ。だが、そんなことはどうでもいい。おまえが人としてどれだけ大きくなれるかのほうがよっぽど大事だ。だから、周りがどうあろうと関係ない。明日おまえが、今日よりほんのちょっとでもうまくなっていてくれたら、オレはそれで満足だ」と。本当にありがたかった。

内藤さんは決して才能を比較することはせず、半歩ずつでも前に進むことに意味があると教えてくれた。10個エラーしてもいい、明日9個になればいい、そう思えるようになって、ようやくまた野球が楽しくなった。

「ほんのちょっとでもいいから一軍に行ってみようや。いいところだぞ」

その言葉に背中を押され、ようやく一軍の舞台に立つことができたのはその年の10月、いわゆる消化試合の9回の守備だった。ものすごく緊張して、地面を何度踏んでもフワフワするような感覚を生まれてはじめて経験した。

それから7年、現役最後のゲームもあの日と同じ匂いがする、肌寒い秋の消化試合だった。実は、ここで改めて内藤さんのことを書かせてもらおうと思ったのは、最近になって、その最後のゲームのことを思い出す機会があったからだ。

引退を決意していた1990年のシーズン最終戦、横浜スタジアムでの大洋ホエールズ(現横浜DeNAベイスターズ)戦だった。敗色濃厚の最終回、ピッチャーに打順が回るところで代打の声がかかった。引退を決めていることは監督にも伝えていなかったので、指名は本当にたまたまだったのだと思う。

ワンアウト1塁、打席にはプロ1年目の古田敦也という場面、ネクストバッターズサークルに立っている間も、感傷的になるようなことはなかった。あれほど憧れたプロ野球の世界だったのに、よほど場違いだったのか、2年目には体に変調をきたし、症状とどう付き合っていくか、そればかりを考えさせられる日々が続いた。いつしか、これ以上続けていたら、大好きな野球のことを嫌いになってしまうのではないか、という恐怖が心を支配するようになっていた。でも、あんなに下手くそだった自分が、内藤さんのおかげでここまでやらせてもらった。

「最後は思い切ってバットを振ろう」

そう思っていたら、次の瞬間、ショートにゴロが転がって、ダブルプレーで試合終了。現役生活はそこであっけなく幕を閉じた。そう、ネクストバッターズサークルですべては終わったのだ。

あの日、ある意味、不完全燃焼な終わり方になってしまったことは、その後の人生にかけるモチベーションを上げてくれるきっかけにもなった。プロの世界では最後まで半人前で、本当にダメな選手だったから、次の仕事では、せめて一人前と認めてもらえるように頑張ろう。そのときは、まだ次に何をするかも決まっていなかったのに、ただ「ちゃんとやらなきゃ」という思いだけはすごく強かったことをよく覚えている。

さて、そのシーンのことを、最近になってどうして突然思い出したのか。察しのいい方なら、もうお気付きかもしれない。２０１８年クライマックスシリーズのファーストステージ第３戦、清宮幸太郎の１年目がネクストバッターズサークルで終わったことの意味を考えていたとき、ふとそのシーンがよみがえったのだ。あの場所でゲームセットが告げられた瞬間、彼はどんな景色を目に焼き付け、どんな思いを胸に刻んだのだろうか。ドームの中は寒くはなかったけれど、一歩外に出ればやはり秋の匂いが漂うあの季節は、いろいろな思いが重なり合う。

「ひとと比べるな」

内藤さんの声をどこかで聞きながら、当時の自分とはあまりにも対照的な、才能あふれる若者の将来を思った。

内藤さんが亡くなられて５年以上が経つが、最近はいつもそばにいてくれているような不思議な感じもしている。選手との距離感がうまくつかめないときなど、現役時代、本当に愛してもらったことを思い出す。内藤さんは、心が折れそうになっている自分を、本当の意味で本気にさせてくれた。ほとんど怒鳴られた記憶はなく、いつも優しい人だったけれど、それでもあんなに本気になれた自分がいた。結局、それが選手が一番伸びることなのだと思う。

それを自分らしくやるにはどうすればいいのか、自分らしさっていったい何なのだろうと考えてみたら、それはあの頃、内藤さんにしてもらったことなのだと改めて気付かされた。プロの世界に入って最初に向き合ってくれた人だったので、その価値観みたいなものが無意識のうちに自分にも染み付いているのだと思う。

chapter.5

第5章

7年の蓄積と、8年目の問い

先入観を捨て、野球をリスペクトする

こうして、7年間チームの指揮を執らせてもらって、ファイターズの歩み同様、野球そのものの変化についても、考えさせられることが多かった。1000試合以上を経験させてもらった節目に、いくつか思いつくまま、書かせていただく。

どうすればフォアボールを選べるのか

「最も得点に寄与しやすいのは、出塁率＋長打率」というセイバーメトリクスの評価基準が浸透し始めて、それなりに年月が経った。現場の感覚としても、それが勝ちに貢献しやすいものであるということは間違いないと感じている。

2018年のファイターズでは、西川のフォアボールが96個でリーグ1位、近藤が87個で3位、フォアボールでしっかり出塁できているという点において、2人の評価は絶対的だ。これをヒットの数と合わせると、西川が243、近藤が236。ちなみに、打率3割5分2厘でダントツの首位打者に輝いたホークスの柳田悠岐が、2つを合計すると229だから、2人の数字がいかに優れているか、わかってもらえると思う。

では、どうすればフォアボールを選べるのか？

実は、「ボールを振らない」という技術は、シンプルでいて最も難しい技術の一つである。そう、皆さんがどんなイメージを持たれているかはわからないが、「ボールを振らない」というのは、センスではなく、技術なのだ。どういう待ち方をして、どういうストライクゾーンをイメージして、どういう視界を作るか。それは「箱」なのか、それとも「軌道」なのか。そこには、洗練された技術が求められる。いま、清宮が一番身に付けなければならない技術がそれだ。

次に、一般的に「選球眼」と呼ばれる能力は、いったいどんなものなのか。ストライクか、ボールか、どこかで判断しているわけだから、脳との関係が強いと考えられる。そして、そのベースにあるのはスイングスピードで、それが遅い選手は、早く振り始めなければならないから、そもそも選んでいる余裕がない。その点、近藤はスイングスピードが速い上に、バットをボールの軌道に入れる能力も高い。

あとは、予測だ。近藤は「ツーストライクに追い込まれたほうが打ちやすい」と言う。追い込まれたら、投げてくる球種も限られてくるからだ。自分に対して、ピッチャーは追い込んだらこういう球しか投げてこないというのが、ある程度、予測できている。たとえば、低めの落ちる球さえ見逃してしまえば、あとはストライクが来るとすればこのボール、といったイメージができているのだと思う。本人に確かめたわけではないが、彼を見ていると、そんな感じがする。

「読み」も含めて、感覚的なものもすべて合わさった技術、だから、それを磨くのが一番難しいのかもしれない。

もちろん選手たちも、フォアボールの価値は十分に認識している。それが勝ち負けに直結しているということも、みんな理解しているはずだ。でも、頭の中ではわかっていても、やっぱり打ちたくなるのがバッターの性《さが》というものだ。だから、良いフォアボールを選んだときには、「良かった」ということを明確に伝える。ミーティングで、「昨日のフォアボールは、良いフォアボールだった」と、できるだけみんなの前で伝えてもらって、徹底的に刷り込ませる。

これからは、それをもっともっと徹底していく必要があるかもしれない。

データの重要性と危険性

これからの野球は、数字＝データをどう使うかということが、ますます重要になってくる。いまやデータはどの球団も、誰もが持っているので、あとはどう使うかということだけだ。

「最も得点に寄与しやすいのは、出塁率＋長打率」ということを先にも書いたが、打率2割3分のホームランバッターが、それでもホームランを35本打ってくれると、それが大事なところで出てくれれば、チームは勝ちやすくなる。フォアボールとホームランで、2点が入る。ということは、1安打でも2対1で勝てるということだ。そう考えると、ボールを遠くへ飛ばす能力が高い人は、それだけでやっぱり価値があるということになる。

ただ、それこそ作れるものではない。もともと、そういう能力を持った素材でないと、なかなかそこには到達できない。もし、その素材が手元にないのであれば、本当に出塁率の高い選手をたくさん集めるというのも一つの形なのだと思う。

そのほかにも、「シフト」と呼ばれる特殊な守備の配置や、キャッチャーの「フレーミング」と呼ばれる、際どいコースの球をストライクと判定させるキャッチング技術など、これらはアメリカで普及し、どんどん日本にも入ってきている。

一方、データが普及して、逆に気を付けなければいけないこともある。

トラックマンなどのデータで、良いときと比べ、リリースポイントが少し前に出ているとか、手の位置が数センチ下がっているとか、回転軸の角度が傾いているとか、いろいろなことがわかるようになってきた。やっぱり打ちにくいピッチャーは、データもそれを証明してくれる。打てないカーブには、打てないなりの良いと言われる数字が出ている。

そういったデータを利用し、自分の良いときと悪いときの変化を、体との兼ね合いでより正確に捉えていくことは、すごく重要な反面、たとえば理想とするピッチャーの形を追い求め過ぎると、自分本来の良さが失われ、フォームがわからなくなって、いずれ取り返しがつかないことになってしまう可能性も否定はできない。データによる根拠ばかりを求めてしまうと、自分の本質から離れてしまう可能性があるということだ。

たとえば、こんな例もある。データは、宮西が調子を落としていることを示していた。ただ宮西は、明らかに調子は落ちているのに、相手と駆け引きしながら抑えてしまう。だから、どう使うかが重要なのだ。データを履き違えてはいけない。

これからは、データを客観的に分析し、よりベストに近いものを導き出せるスペシャリストと、野球の経験値の高い人が一緒にやることが必要なのだと思う。野球を知らないデータのスペシャリストだからこそ、先入観なしに結論を導き出せたり、良い悪いを指摘できることもあるだろう。あるいは、プロ野球の監督経験者が、専門的にデータを扱えるようになったら、それが最強なのかもしれない。すべては、チームがどんな人材を求め、その能力をどのように活かそうと考えるか、そこにかかってくる。

「2番・トラウト」のインパクト

メジャーでプレーする大谷翔平は、ますます野球が楽しそうで、キラキラして見えた。チームが優勝争いから完全に脱落しても、そんなことより野球が楽しくて仕方がないという感じだろうか。

もっとうまくなりたくて、いつも全力で楽しんでいる。きっとあれが、野球選手が一番力を出せる状態なんだと思う。夢中になってやっているときこそ、一番勢いが出たり、プラスアルファの力が生み出されたりする。

そして、思った通り、彼はますます進化している。2、3年経って、メジャーの野球に完全にアジャストできたら、また右足を上げて打つようになるかもしれない。そしたら、今度は引っ張る必要がなくなって、どんどんレフト方向にも打ち出すようになるから、打率がグンと上がりそうだ。

ところで、その大谷の活躍のおかげで、エンゼルスの試合を観る機会が格段に増えた。そこで、否が応でも目を引くのが、メジャー屈指のスーパースター、マイク・トラウトの存在だ。あれほどのスラッガーが、2番という打順を打っている。以前も、ヤンキースのアレックス・ロドリゲスをはじめ、2番を打つ強打者はたくさんいたが、中でもトラウトのインパクトは大きい。

これからは、打順に関する既成概念みたいなものがどんどん取り払われ、新しいチャレンジがますます増えていきそうだ。

たくさん打順の回る1、2番にホームランバッターを、という考えはもともとあった。ただ、それを躊躇してしまいがちなのは、初回、先頭バッターが出てのダブルプレーが怖いからだ。立ち上がりが不安定なピッチャーは少なくない。その、どちらに転ぶかわからない状態で、初回のゲッツーは、みすみす相手にペースを渡してしまうことになりかねない。

昨年（2018年）のファイターズは、長打力のある大田泰示を2番に使って勝負してみたが、打順を巡る試行錯誤は、まだまだ続きそうだ。

小柄なホームランバッターは日本でも生まれるのか

現在、メジャーリーグで最も身長が低い（公称168センチ）とされるアストロズのホセ・アルトゥーベが、4年連続で二桁ホームランを記録した。2017年はホームラン24本、チームはワールドチャンピオンに輝き、自身もリーグMVPを受賞している。

なぜ、あの小柄なプレイヤーが、毎年、ホームランを打ち続けられるのか？　アルトゥーベはたしかに素晴らしい選手だが、これからそういった日本人選手が出てくる可能性は十分にあると思っている。

かつて「世界の盗塁王」と言われた福本豊さんは、あまりにも盗塁の数がすごすぎて、やや印象は薄いが、実は二桁ホームランを11回記録し、通算でも208本打っている。その福本さんの身長は、アルトゥーベと同じ168センチだ。

おそらく、いまでもその可能性を秘めた選手はいるはずなのだが、日本では、ああいうタイプの選手にあのような打ち方はさせない。完全にいないと断言することはできないが、本人の意思か、それとも指導者の考え方か、あまり見かけないのは事実だ。小柄でも、「小力《こぢから》」のある選手はいる。データが、ホームランの重要性を再認識させてくれたこの時代、そろそろアルトゥーベのような選手が日本にも出てきて、おかしくない頃かもしれない。

なぜ根尾、小園に4球団が競合したのか

過去のドラフト会議ではほとんど記憶にない、根尾昂（大阪桐蔭高）、小園海斗（報徳学園高）、2人の高校生内野手に、それぞれ4球団の指名が集中した。根尾はピッチャーとの二刀流で注目されていたが、ポジションはいずれもショート。いったいなぜ、そこまで評価が集まったのか？

もちろん、2人が突出した才能の持ち主であることに疑いの余地はない。だが、要因はそれだけではなく、最近の日本球界のトレンドが反映されたのではないかと感じている。そのトレンドを決定付けたのは、ライオンズの源田壮亮だ。

彼が入団して2年、ライオンズはチームそのものが明らかに変わった。そもそも当時のドラフト前、源田のことはもちろん知っていたが、「守備はうまいが、打てない」という評価を耳にしていた。結局、彼はドラフト3位でライオンズに指名されている。少なくと

も一巡目ですぐに消えてしまうような選手ではなかった。

それが、いざプレーを見てみると、守備はうまいどころではなく、球史に名を残すレベルなのではないかと思うほど、ずば抜けてうまい。ショートに源田がいるという安心感が、内野全体に伝わり、みんながのびのびとプレーしているように感じる。そして、なおかつ打つほうも、相手チームに十分な脅威を与えるレベルの、「嫌なバッター」だった。

実は源田の前年、イーグルスに入団した茂木栄五郎を見たときにも、同じような感覚を覚えた。

新人で「開幕一軍」を勝ち取れるレベルのショートが入ると、それだけでチームはガラッと変わってしまうということだ。ショートでそこまでの選手はなかなか出てこない。

そういった球界の流れ、トレンドが反映された結果の、根尾、小園、4球団競合というドラフトだったのではないだろうか。

がむしゃらにやれる時期、一番伸びしろのある期間は意外と短い

プロの世界に入ってくるような選手たちは、みんな才能豊かな者ばかりだが、入ったあとのことで言えば、本当にがむしゃらにやれる時期、一番伸びしろのある期間というのは

意外と短い。

ようやく自分の居場所を見つけかけて、いよいよ結果を出さなきゃいけない時期にきている23歳の渡邉諒に、秋季キャンプのとき、そのことを伝えた。

「このオフ、本当に死ぬ気でやれよ。10年やれとは言わない。1、2年、本当に頑張らなきゃならないときが人にはある」

本人にどこまで伝わったかは、わからない。だが、一つだけ言えることは、彼にとってはいまが本当にがむしゃらにやれる時期であり、一番伸びしろのある期間だということだ。そして、繰り返しになるが、それは意外と短い。このチャンスを逃すと、次はない。

楽なことや楽しいことは、人を育ててはくれない。それは、次に頑張るためのご褒美でしかないのだ。人を育てるのは、やっぱり「艱難辛苦」。困難に出遭って、悩み、苦しむことで人は成長する。

ただ、それにも優るものがあるのかもしれないと思うことがあった。あれは入団何年目だったたか、クリスマスの夜、大谷翔平が一人でマシンを打ち続けていたことがあった。

それを練習熱心のひと言で片付けるのは簡単だが、そこまで熱心になれるのにはやはり理由がある。彼はいつ訪れるかわからない何かをつかむ瞬間、何かというのはコツと言い換えてもいいかもしれない、その瞬間に接する喜びを知っている。

野球がうまくなるコツというのは、自転車に乗るコツにも似ている。乗れないうちはまるで乗れる気がしないのだが、はじめてうまく乗れた瞬間、それまでとは別人のような自分と出会う。あの感覚だ。

でも、それがいつつかめるのか、その瞬間がいつ訪れるのかは誰にもわからない。だからこそ、それを見つけに行くことはいつも楽しい。その価値観があるかないか、ただそれだけの差なのかもしれない。

人が遊んでいるときに、人よりうまくなるためにやっていると、必ずそこには気付きがある。——単純なようだけれど、これを教えるのが一番難しい。

伸びしろのある時期に話を戻すが、チームとしてはその時期の選手が一番面白い。「こいつ、どこまでいくんだろう」とか、ずっとワクワクしながら見ていられる。

大谷の場合、ファイターズにいた5年間がずっとそうだった。やっぱり、毎年面白かった。うちは計算して勝つチームではない。そんな面白い選手の、一番面白い時期を使って優勝するのがファイターズだ。

プロ野球のチームは誰のものか

野球は「おらがチーム」のスポーツだと思っている。同じ試合でも、どちらかを必死に応援しながら観るのと、どちらを応援するでもなくぼんやり観るのとでは、まったく別物だ。

野球が、ある意味、文化として残ってきた最大の理由は、そこにあるのではないだろうか。それを地域性や、ローカル性と言ってもいいのだが、個人的には「おらがチーム感」といったほうがしっくりくる。

そして、プロ野球は、自分の子どもの運動会みたいなところもある。子どもが一等賞を獲るために一所懸命努力していて、その頑張る姿を観に行って、声を嗄《か》らして応援している。

自分の子どもが出ている試合と、出ていない試合では全然違うように、自分のチームだと思った瞬間、それに近い感覚になって、オフの間も選手の補強とか、練習のことが気になるし、監督に文句の一つも言ってみたくなる。要するに、心の底から「頑張れ」と思える、それが野球の持っている大本質なのだ。

普通に考えれば、3時間を超えるゲームは長いし、半年以上も続くシーズンは長い。なのに、みんな自分のチームだと思ってくれているから、それをずっと観ていられるし、試合がない日は寂しいと感じる。

やっぱり、プロ野球のチームはファンの皆さんのものであり、そんな皆さんに支えられて成り立っているのだ。

あとがき

新入団発表会見が行われた2018年11月23日、札幌は雪だった。

ホテルでの会見のあとは、毎年、ご家族も交えた食事会が開かれるのが恒例となっている。

一人ひとりと挨拶を交わしていると、新しい「家族」を迎えたという実感が湧いてくる。

その会がなごやかなうちにお開きとなったのは、午後9時に近い時間だったと思う。

翌日、ファンフェスティバルが行われる札幌ドームに到着すると、当日の流れなどを確認している最中、スタッフからあることを知らされた。

昨夜、あれから吉田輝星と柿木蓮はランニングに行ったらしい。

夏の甲子園の決勝で投げあった2人は、侍ジャパンU-18代表ではチームメイトとなり、実は意気投合した仲だと聞いた。

それにしても、一日気疲れしたであろうそんな日の夜に、しかも雪の中、わざわざ走りに行かなくても……。

すごく意識が高いし、良くも悪くも本当に真面目。それは会見でも感じたことで、正直、みんなコメントが真面目過ぎて、こんなにつまらない会見は珍しいなと思ったくらいだ。

まあ、それもファイターズらしいと言えば、らしいのだが……。

今回のドラフトは、結果的に高校生中心の指名となった。

決してはじめからそういう狙いで臨んだわけではないのだが、結果、そうなった。

大学生や社会人を指名すると、現場的にはどうしてもあまり時間をかけられないという感じになってしまうが、高校生はこれからいろいろ失敗して、それをプラスにできる時間があるんだと思えるから、特にワクワクする。

野球人生、まだまだこれからという若者たちが、その時間をどのように使って、これから感動を形にしてくれるのか、楽しみでならない。

1位の吉田輝星（金足農業高）は、まさしくいまが「旬」。あまり大事に大事にとはせず、どんどん使っていったほうがいいタイプかもしれない。だから、意外とデビューも早い気がしている。

イメージは、イーグルスの則本昂大とダブる。「ちぎっては投げちぎっては投げ」、次々と相手をなぎ倒していくタフなピッチャーになってくれることを期待している。

2位・野村佑希（花咲徳栄高）は、左バッター中心の野球界で貴重な右のスラッガー。近い将来、必ずクリーンアップを打っているはずだ。

3位・生田目《なばため》翼（日本通運）は、1位指名でも不思議ではなかったピッチャーだ。もちろん1年目から「戦力」として考えている。

4位の万波中正《まんなみちゅうせい》（横浜高）は、彼のことを想像するだけでニヤけてしまう。0点か100点かではなく、0点か500点かの選手。プロ野球の歴史を変えるかもしれない。

柿木蓮（大阪桐蔭高）の5位指名は、ある意味、あのドラフトで一番の驚きだったと言える。プロのスカウトは、高校生を「すぐ使えるかどうか」ではなく、この先の「伸びしろ」で評価する。そういう意味では、すでに完成度の高い彼は、評価の難しいピッチャーだったのかもしれない。うちは高校生ではなく、社会人のイメージで評価した。デビューは一番早いかもしれない。

6位はキャッチャーの田宮裕涼《ゆあ》（成田高）。キャッチャーは守備力だけでも十分に評価されるポジションだが、彼はもしかすると打てるかもしれない。楽しみな選手だ。

7位の福田俊（星槎道都大）は、宮西尚生を彷彿させるサウスポーだ。ドラフトの下位指名は、彼のような選手を獲るためにある。まさに狙い通りの指名だった。

そして、球団史上はじめて育成枠を使って、海老原一佳《かずよし》（富山GRNサンダーバーズ）を指名した。育成枠の考え方はいろいろあるが、うちは使うために獲った。それだけは明言しておく。

「人は生まれてくるとき、一通の手紙をもらってくる」という話を聞いたことがある。でも、その手紙を一度も開けずに、自分の使命みたいなものに気付かないまま、死んでしまう人が意外と多いという。

彼らには必ずその手紙を開き、自分の使命を感じてほしい。

そして、高校生中心のドラフトになったということについては、あることを感じている。これは、清宮幸太郎の持つ求心力に引き寄せられた、彼が引っ張ってきた結果なのではないかということだ。

普通に考えると、ここまで高校生が並ぶことはない。

もし、本当に清宮が引き寄せたものだとするならば、これからのプロ野球界は間違いなく清宮幸太郎を中心に回っていく。

どんな形であれ、来シーズン、清宮には全試合に出てもらわなければいけない。チームの優勝のためはもちろん、そうしないと東京オリンピックに間に合わなくなってしまう。できる、できないじゃない。やらせるしかない。

2年目の宮台康平も、秋季キャンプは抜群に良かった。楽しみが多いのは、いいことだ。ただ、楽しみが増えると、その分、プレッシャーも大きくなる。

ファイターズは勝って、育てる。それしかない。

2019年1月　栗山英樹

2018年 新入団選手発表
NIPPON-HAM
FIGHTERS

栗山英樹（くりやま・ひでき）

１９６１年4月２６日生まれ。東京都出身。創価高校、東京学芸大学を経て、１９８４年にドラフト外で内野手としてヤクルト・スワローズに入団。１年目で一軍デビューを果たすと、外野手に転向した２年目には２９試合に出場。スイッチヒッターにも取り組み、翌８６年には１０７試合、４本塁打、規定打席不足ながら３割１厘とレギュラー級の活躍をみせる。初めて規定打席に到達した８９年にはゴールデングラブ賞を獲得。１９９０年のシーズン終了後、ケガや病気が重なり惜しまれながらも引退。引退後は解説者・スポーツキャスターとして野球やスポーツの魅力を伝える一方で、白鴎大学の教授として教鞭を執るなどその活動は多岐にわたる。2011年11月、北海道日本ハムファイターズの監督に就任。１年目、いきなりパ・リーグを制覇。２０１６年には２度目のリーグ制覇、そして日本一に輝く。大谷翔平の「二刀流」など常識に捉われない育成、指導でチームをけん引してきた。２０１８年には監督通算１０００試合、５００勝をいずれも達成。２０１９年で監督８年目を迎える。

稚心《ちしん》を去《さ》る

一流《いちりゅう》とそれ以外《いがい》の差《さ》はどこにあるのか

著者　栗山《くりやま》 英樹《ひでき》

2019年2月10日　初版発行
2023年4月18日　四版発行

構成　伊藤滋之（株式会社タイズブリック）
写真　高須力
装丁・本文デザイン　mashroom design
協力　北海道日本ハムファイターズ
株式会社タイズブリック

発行人　菅原聡
発行　株式会社JBpress
〒105-0021
東京都港区東新橋2丁目4-1
サンマリーノ汐留6階
電話　03-5577-4364

発売　株式会社ワニブックス
〒150-8482
東京都渋谷区恵比寿4-4-9
えびす大黒ビル
電話　03-5449-2711

印刷・製本所　近代美術株式会社
DTP　株式会社三協美術

ISBN978-4-8470-9751-5　C0095